今すぐ幸せになって、私のままで好きな世界を作る！

Be happy and make your world
the way you like,
without changing yourself—now!

守護龍神・竜ちゃんの
「どん底がひっくり返る」
ヒミツの方法と88のメッセージ

守護龍コーチ
田村 愛
Presented by Ai Tamura

KADOKAWA

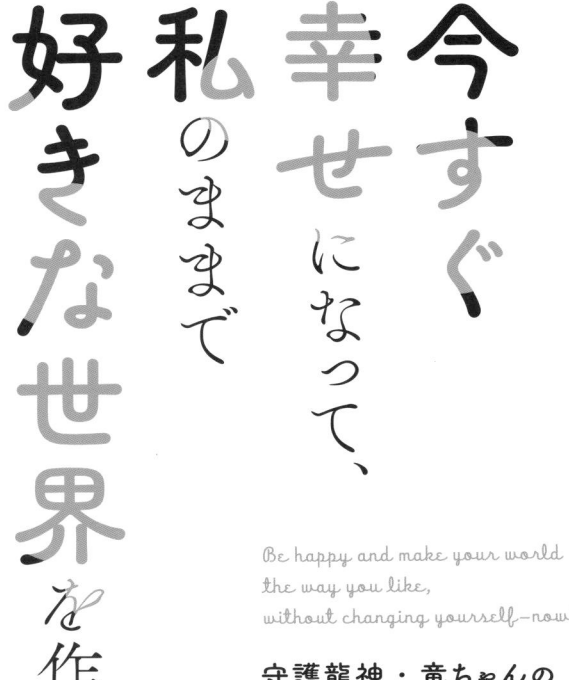

よう、ワシじゃ

お主はこれまで
よう頑張ってきたのう

ワシは、お主を守護する
龍神じゃ
今、お主は自分の人生に
満足しているかのう？

「もっとよくなる！」

「こんなもんじゃない！」

……

そう思うなら、その気持ち

大正解じゃ！

お主はピカピカになれるぞ。
しかも今すぐに！

さあ、
ワシと一緒に
ピカピカ作戦
はじめるぞ

この本で紹介する、
自分のままで幸せになる方法

どん底をひっくり返す！　ヒミツの方法

著者の守護龍神・竜ちゃんが教えてくれた、ユニークな人生大逆転の方法を紹介します。こわばった身体や心の力をふわっと抜いて、竜ちゃんの言葉を信じて全託するのが大逆転のコツです。

守護龍神とつながろう

あなたの守護龍神と話すことができるようになる方法を教えます。最初からうまくいかなくても、自分のペースで行ってください。「つながりたい」という気持ちさえあれば、必ずつながることができるので、大丈夫です！

竜ちゃんからの88のメッセージ

竜ちゃんが今のあなたに必要なメッセージを届けてくれています。誰にも言えない悩みや問題を抱える人も、このページを読めば、自分の方向性が決まって問題解決もスピードアップします。

ねえねえ、守護龍神とつながるとどうなるの？

もっと自分らしくなるんじゃよ。お主の願いは叶っていいのじゃよ。

この本を読むだけで、守護龍神がどんどん身近に感じられるようになり、
読み終わる頃には守護龍神と一緒に進む、
素敵な未来がみえてくるはずです！

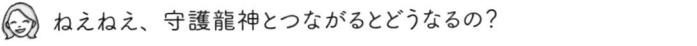

はじめに

ようやくワシの話を聞く気になったんじゃのう

この言葉が頭の中で聞こえてきた時、普通だったら頭がおかしくなったんじゃないかと思うような出来事なのに、私はなぜか懐かしいような、安心するような……。もっと話していたい感覚になり、ペンを手に取りその声とノートで対話を始めました。

はじめまして。

私は、守護龍コーチという仕事をしている、〝たむあい〟こと、田村愛です。

この本を手に取ってくださり、本当にありがとうございます。

私は19歳でモデルになり、その後女優として活動してきました。念願だった当時の夢を叶え、華やかな世界にいました。

でも、いつも自分に対して、「こんな容姿じゃダメだ！」「もっといい仕事して認められないと」「なんでこんなに人間関係がうまくいかないんだろう」と悩み、自信を持てるようになりたくてカウンセリングやヒーリングなどを学び、自己啓発本を１４００冊ほども読んだりして、なんとか自分のことを好きになり、人生がよくなる方法を常に探していました。

でもやっぱり何か欠けているような、何か足りないような、そんな気持ちのまま結婚し、初めての子育てに苦戦しながらも、これから家族で楽しく幸せに生きていける……。

そう思っていた矢先、突然、当時の夫から離婚を切り出されました。

貯金もほとんどないいし、来月の収入の目途は9万円。

2歳半の息子とこの先2人でどうやって生きていったらよいのか……。

辛くて辛くて、心細いし、何をしたらいいのか分からない、何もする気にならない……。

竜ちゃんの声が聞こえたのは、その時でした。

それから私の守護龍神・竜ちゃんと対話をするようになり、自分への優しい声かけと、人間としてできることをしっかり行動して守護龍神のサポートを受けやすい自分になることで、今、どんな状況にあってもすべてはのりこえられることを知りました。

気がついた時には自分の人生の夢であった、

家族仲良く暮らすこと、
自分に自信を持って生きること、
パートナーと仕事をすること、
周りの人と楽しい時間を過ごすこと、
理想の家に住むこと、

全部叶っていました。

この本を出すことになった時、竜ちゃんに読者の方に伝えたいことを聞いたら

すべては のりこえられるぞ

この一言でした。


私からもこの本を手に取ってくださったかけがえのないあなたへ。

ぜひ、今すぐ幸せになれる魔法を受け取ってください。

読むだけで、きっと心がほぐれ、ホッと優しい気持ちになることができます。

あなたの今がどんなに辛い状況でも苦しい状況だとしても、いつもあなたのそばに守護龍神さまがいて、愛を届けてくれていますから、絶対に大丈夫です！

のりこえられます。


今すぐ幸せになって、あなたの好きな世界が作れます。

田村 愛

CONTENTS

Chapter 2

どん底をひっくり返す！ヒミツの方法

Chapter 3

守護龍神とつながろう！

〜あなたの守護龍神からメッセージを受け取るレッスン〜

竜ちゃんからの88のメッセージ

本文レイアウト……山田知子＋門倉直美（chichols）
イラスト……荒巻まりの
DTP……山本秀一＋山本深雪（G-clef）
校正……麦秋アートセンター
取材・文……鈴木さわこ
編集……宇並江里子（KADOKAWA）

Chapter 1

私と 竜ちゃんが 出会うまで

他人を否定することで自分を守っていた私

振り返ってみると、子どもの頃から自己肯定感が低くて、何かあるたびに自分ってダメな人間だと決めつけていました。

きっかけは、幼い頃に母に言われていた言葉でした。

幼い頃によくある話だと思うんですが、「生え際がおサルさんみたい（でかわいいね）」、「お鼻がブタさんみたい（でかわいいね）」、「おじいちゃん似だね（おじいちゃんも喜ぶね）」……母親の愛情から出てきた言葉だったのに、その言葉を聞いては、「私はおサルさんやブタさんみたいな、かわいくない子だと思われているんだ」「（お母さんみたいに美人だねって言って欲しいのに）おじいちゃんに似てるって言うなんて、お母さんは私のことが嫌いなのね」って思い込んでいました。

当時の私は、母親からただ「かわいい」と言ってもらいたかったんです。でも「かわいい」って言ってもらえない、なぜなら「かわいくない」「愛されてない」からだと

勝手に心に刷り込んでしまいました。

しかも「かわいいと言われる人」「愛されて幸せそうな人」を見ると、羨ましさから、どこの批評家なの？　っていう位の厳しい目で（笑）、毒づいたり。

特に私と同じ年齢位の子が親と手をつないで楽しそうに歩いているのを見ると「あの子ばっかり楽しそうで、ずるい！」「私の方がかわいいのに！」と睨みつけたり、家族に対しては「私のことが好きじゃないから、欲しいものを何でも買ってくれないのね」と買い物へついて行くたびに1人ですねたり、そんなことばっかり考えていました。

愛情が欲しくて、愛されているということを感じたくての行動でしたが、時々そんな自分の醜さにハッと気がつくこともあって、「なんて性格が悪いんだろう」と落ち込んでしまう、なのにやめられない……を繰り返していて、**精神をザクザクと削る日々でした。**

初めて知った世界。モデルになりたい！

そんなひねくれ女子（笑）だった私が中学生になったある日、地元にはない街の大きな本屋さんで、パリコレの雑誌を何気なく手に取り、そこで大きな衝撃を受けました。雑誌の中でトリッシュさんというスーパーモデルが紹介されていたのです。その方があまりにも美しくてかっこよくて感激しちゃって。

「私の好きな世界はこれだ！」

それこそ、天啓のような衝撃でした。

初めて自分の人生の目標を見つけたと思った私は、「いつか、必ず東京に行って（当時は静岡に住んでいました）モデルになろう」と決心しました。

数年経って高校生になった時、突然両親の離婚が決まりました。離婚はもちろん悲しかったのに、父についていけば東京に行けるという期待でワクワクする自分もどこかにいて、ワクワクするなんて私ってひどい人間だな……とその時も苦しくなったことを覚えています。

東京に住むようになってからは、雑誌の専属モデルに応募したり、スカウトされたくて原宿を歩き回ったりしていました。でも、なかなかスカウトされないので（当たり前ですよね）、実際にスカウトされる人はどんな人なのか、通りを歩いている人たちの観察をし続けたり……多分、根が生真面目なんですね（笑）。

モデルになるためには何をしたらいいか、思いつくことに片っ端からチャレンジしていました。

その結果、もちろん失敗もたくさんありましたが、19歳の時にスカウトされてモデル事務所に入ることに。

そして、ようやく目標だったモデルになり、テレビのコマーシャルにも出演するようになってからは、演技や芝居に興味を持ち始め、24歳の時には女優としての仕事を始めました。

ここまで読まれた方は、「じゃあ、願いが叶ってるじゃない？」「こんな素敵な人生に何の不満があるの？」と思われるかもしれません。

でも、望んでなったはずのモデル時代以降、**自分を責める日々が始まるのです。**

他人責めのプロから、自分責めのプロに

今まで他人を見下すことで、自分の存在価値を見出してきた私は、これからはモデルや俳優という新しい世界で、今まで羨ましさの反動で批判したり攻撃してきた人たちと関わって仕事をしなければならない環境に飛び込みました。

すると、自業自得ですけど、「私が今まで批判していたことがバレちゃうんじゃないか」「向こうも私のことを嫌いなんじゃないか」と思ってしまって、それが怖くて、ど

うしていいのか分からなくて立ちすくんでしまいました（まさに、自己責任ブーメランですよね）。

そこには、実力もないのに「あんなの大したことない。私の方が」って偉そうなことばっかり言って、オーディション等に合格するかどうかに固執し、**他の人との勝ち負けでしか自分の存在意義を感じられない私**がいました。

芸能の世界で活躍し続ける方々が、どんな思いで仕事をし続けているのか、何を背負っているのかなんて、考えもしなかったんです。

結局「合格できない自分が悪い」という自己嫌悪と仕事へのプレッシャー、周りとのコミュニケーションの取りづらさが、いつしか元々あった「私はダメだ」という自己肯定感の低さをさらに助長して、どんどん自分を責めるようになっていきました。

気がつくと、

なりたかったモデルの世界のプロではなく、

自分を責めるプロになっていました。

怖くて誰ともうまくコミュニケーションが取れず、何とか改善しようと気を使い過ぎて距離をとられてしまったり、逆にフレンドリーに接しようとして、馴れ馴れし過ぎて避けられてしまったりと、右往左往する日々。本当に失敗ばかりで、そのたびに**「自分が悪いんだ」「自分に原因があるんだ」と、反省というよりも、ただただ自分を責めるだけ。**今まで他人に対してぶつけてきた悪感情を、自分にぶつけることしかできませんでした。

さらに、演技する時に役に入り過ぎてしまうため、演技と現実の境が曖昧になってしまう所も苦しさの原因になってしまいました。例えば相手を好きになる役だと、本当に好きになってしまって、台本を覚えるどころではなくなってしまったり（そのクセ終わるとパタッと興味を失うのだからさらに混乱）。やることなすこと空回りするような毎日で、心がどんどん疲弊していきました。

それでも、「賞を獲ること」「世界的に認められること」が自分の幸せにつながるんだと思って、どんなに苦しくてもこの世界で生きていくという決心は変わらず（そのクセ具体的に改善のための行動を起こすわけでもなかったんですけど）……次第に、こんなに苦しむ理由が知りたいと、自己啓発の本に答えを求めるようになっていました。

でも、自己啓発の本にある、「自分が変わらなきゃいけない」というスタンスが、どうしても自分が責められているような気がして辛かったんですよね。

モヤモヤしながら自己啓発本を手に取りつつ、自己啓発の書棚の隣にたまたまあった精神世界のコーナーを怪しいと思いながらもチラリと眺め、恐る恐る一冊手に取って読んでみたり……。

実は、私自身はそれまでスピリチュアルに精通した人が語るような、不思議体験やすごい体験をしたということもなく（思い返すと、ちょっぴり不思議なことはありましたが）、どちらかというと不思議なことやものが怖くて大嫌いで、父親がＵＦＯや怪奇現象等のテレビ番組を見ていると、布団をかぶって耳をふさいでしまうほど、漠然とした恐れを感じていました。街で見かけるスカジャンに刺繍してある龍でさえ、怖くて思わず視線をそらしてしまう位でした（笑）。

それでも、スピリチュアルに関する本を少しずつ手に取るようになると、「もしかしたら、そこに答えがあるかも」と思い始め、それからは、スピリチュアルの本を率先して読むようになりました。

読書以外にも、ヒーリングやカウンセリングを受けたり、除霊や占星術にユタ（沖縄や奄美大島のシャーマン）相談まで、スピリチュアルに関するものなら手あたり次第に試すようになりました。

願いを叶えたくて入った芸能の世界なのに、苦し過ぎる。このままだと仕事がなくなってしまうし、何より、共演している方々との関係が本当に悪くなってしまう。また居場所がなくなってしまう……。そんな感覚で、苦しさや今おきている現象を解決したい気持ちでいっぱいだったのです。

性格的にも物事を徹底的にやり尽くすタイプなので、目指していた女優の仕事での成功のためにスピリチュアルの勉強をしたつもりが、**気がつくと女優で稼いだお金を全部使いこんでしまうほどのめり込んでいた時期でもありました。**

✦ 私の首を絞める姿が視えた

そうして、スピリチュアルに救いを求めていた時と同時期になるのですが、私にとっては大きなチャンスとなる仕事が決まりました。

この話を聞いた時には、信じられないという思いの反面、うれしくて「頑張るぞ！」「私は売れっ子の女優になるんだ！」ってすっかり舞い上がってしまいました。そして、ドキドキしながら初めてお会いする共演者の方にご挨拶しに行った時に……

なんと、

その人に首を絞められて殺された映像が視えたんです……。

初めて会う方を前にして、こんな映像が視えるなんて、今まで経験をしたこともないし、当時は何が起きたか分からず、ただただショックを受けて、パニックになってしまいました。

後になり、それは私の過去世であったことで、中世の頃、自分が魔女狩りにあって隠れていたところ、その人（あくまでも過去世の話ですが）に見つかり、首を絞められて殺されてしまった記憶が出てきたのだと分かりました。

この出来事にとてもショックを受け、「私の頭は変になってしまったのでは」と不安にもなりましたし、その後、この共演者の方に会うたびに殺されるイメージが浮かび、怖くて怖くて萎縮するばかりでした。自分の不調を「殺された記憶がよみがえって……」なんて言ったらそれこそ変な目で見られちゃうと思って、なにも言えずに勝手に苦しんでいました。

第一印象がそんな状況でしたから、相手の共演者の方も私に対して何か思う所があったのかもしれません。他の出演者の方と比べると冷たい対応をされ、嫌われてるかなと思うようなこともあり、それも余計辛かったです。

仕事の打ち上げの時、思い切ってご挨拶に行って非礼をお詫びしたら、ハグしてくださって、本当にホッとしましたし、こうして苦しんでいる自分が嫌になり、

「悩みを解決したくてスピリチュアルを学ぼうと思ったのに、こんな経験で人間関係をもっとダメにしちゃうなら、スピリチュアルってやだな」って思った出来事でした。

そして、実はこれだけで終わらず、その後も衝撃的な体験をすることになりました。

家で寝ていた時のことです。

突然、本当に突然、

「不動明王はお亡くなりになった」

という声が聞こえてきたのです。

あまりの驚きに、思わずバッと飛び起きると、朝の6時だったのですが、部屋の中が真っ黄色で、窓から見える空も真っ黄色。目の前には裸足の仙人の足のようなものが見えました。

寝起きで、しかも「不動明王がお亡くなりになった」なんて唐突な内容に、私はいよいよ本当に頭がおかしくなってしまったかと、怖さと絶望のような気持ちがごちゃ混ぜになって、途方に暮れてしまいました。

人の目が怖くて、スピリチュアルとの決別を決意

続けざまに起こったショッキングな体験に、自分の中で留めておけず、当時お付き合いしていた彼に相談することにしました。そして、スピリチュアルなセッションやワークショップを受けに行った話もしてみました。すると彼は否定することもなく、「うんうん」と優しく親身になって聞いてくれたのです。

それが本当にうれしくて、これからも隠しごとせずに何でも話そうと喜んでいたところ……実は裏で私の母親に連絡をとり、「変な宗教にはまってるみたいだ」「様子がおかしい」と相談していることが分かりました。

こんなこと急に言われたら、誰だってそう思うだろうと今なら分かるんですけど、

その時は「彼に裏切られた、あんなに分かってくれていたと思ったのに」「お母さんも私に連絡しないでこっそり黙っていたなんて私の味方じゃないのね、ひどい！」と、とてもショックを受けてしまいました。

そして、結局このことが原因となって彼とも別れることになってしまいました。

スピリチュアルに足を踏みいれると、パートナーシップや家族関係が悪くなる。**自分にとって認めて欲しい存在である大事な家族との関係性が悪くなるのであれば、スピリチュアルに興味を持つのはやっぱりやめよう、**そう思うようになりました。

これだけやりたいと思っていた仕事をようやく手に入れたチャンスなのに、何でそのチャンスをつぶすようなことが起こってしまうんだろう。お芝居のことで悩むならまだいいけど、勝手に見せられたイメージや映像によって自分がぐらついてしまって……。スピリチュアルなことは特別かもしれないけど、そのことで目の前にある仕事に支障が出て、そのせいで自分の元々苦手な人間関係でさらに悩むことになるなんて何のためにやっているの？　って心から思いました。

しかも、見せられる内容も殺されるだの、亡くなるだの、怖いものばかり！

こんなことならスピリチュアルなんて関わらなくていい！

拒絶の気持ちでいっぱいになりました。

そして、これは10年以上後に分かったことですけれど、実際は竜ちゃんが「不動明王はお亡くなりになった……なーんちゃって！」って私を驚かしてコンタクトを取ろうとしていたらしいんです。

でも、「なーんちゃって」の前に私が「え、なんだって〜！！」と飛び起きてしまったので、「出会いをミスった」と言ってました（笑）。

誰だって、そんな驚かされ方したら、飛び起きちゃいますよね。竜ちゃんに聞いた時には思わず「え〜〜〜！」と叫んで脱力してしまいました。だって竜ちゃんは悪びれる様子もなく、自信満々に話すから（笑）。

あと、その時にもう一つ分かったことがあります。当時の私は「不動明王」という存在に対して、「悪魔」「怖くて理解してくれない親」みたいなイメージを持っていたのですが、その私にとっての「不動明王へのネガティブなイメージ」がお亡くなりになったタイミングであり、これからは、「父性の愛には、怖い顔をして踏みとどまらせるという愛の表現もあるのだ」という、本来の不動明王様の存在を受け入れるタイミングだったから、そう言ったんだよということも教えてくれたのでした。

早く言ってよ～と思ったのはここだけの話です（笑）。

女優に限界を感じていた頃、出会った彼と結婚

うまくコミュニケーションが取れない、オーディションも思ったように受からない、受かったら受かったで役にのめり込み過ぎて迷惑をかけたり、変なビジョンが視えて周りの人と距離が広がってしまう……こんな日々の繰り返し。次第に「私は女優に向いてない。いい加減諦めよう」なんて考えるようになりました。

ちょうどそんなことを考えていた頃、初主演した映画が国際映画祭で三冠を達成し、自分自身も主演女優賞を受賞することになりました。ずっと願っていたはずの賞であり、誰からも祝福されるような素晴らしい賞。

それなのに、実際に受賞してみると、「それで？　それが何なの？」と不思議と大した感動もない。

なぜなら、**賞を獲っても自分が思い描いていた、「幸せ」になれなかったから。**

目標を達成したからといってすぐに幸せになれるわけでもなく、
悩み苦しむ状態は何も変わらないなんて、何かおかしいんじゃない？

こんな思いもあり、女優への情熱もだんだんと薄れていた頃、誘われて行った演技レッスンのクラスで出会ったのが、その後結婚する彼でした。初めて2人で出かけた日から、3カ月後には入籍という、超スピード婚でした。

「引き寄せ迷子」で身も心もボロボロに

当時はちょうど「夢は願えば絶対に叶う」的な「引き寄せの法則」がブームだった頃で、私もすっかりそのブームに乗ってしまって、その挙句、「引き寄せ迷子」になっていました（本質が全然分かっていなかったんです）。

引き寄せ迷子とは、願えば叶うという法則を信じているつもりなのに、どんなに願っても叶わないし、思い通りにならなくて苦しい状態が続いてしまう人のことを言うのですが、私も典型的な「迷子」でした。

結婚後の新居を探す時も、「決めたら叶うんだから住んじゃお～～！」ってノリで、家賃が高額で今の私たちじゃ絶対に支払いが無理な部屋を選び、彼に「現実的にどうすんの？」と言われても、「私がバイトして10万円位パパッと稼いじゃうから大丈夫！大丈夫！」と大した根拠もなく決めてしまったのです。

でも実際は、彼は家賃を稼ぐために日中の仕事に加えて早朝と夜も仕事を始めなければならなくなり、私自身もバイトに追われる日々となってしまいました。

しかも私は、「バイトしてしっかり稼がなきゃ」「結婚したんだから彼のお母さんのように素敵な奥さんとして頑張ろう」とか、自分にどんどんプレッシャーを与え続けたため精神的に追い込まれていきました。ストレスからか原因不明の慢性皮膚炎になり、指先全部がただれて膿が止まらず、日常生活に支障が出るのはもちろんのこと、家賃の足しを稼ぐためのバイトもできないし、自分の頭さえも洗うことができなくなり、彼に洗ってもらわなければならないほどでした。

最後には何もできないでいる自分がとことんイヤになって、彼を見るだけで涙が止まらなくなり、完全なうつ状態になってしまい、結局その部屋は4カ月で退去することに。

今では、**引き寄せの法則というものは、決めれば勝手に叶うものではなく、まして宇宙や守護龍神という外側からの働きかけでもなく、自分の腹の底で決めて、自分がそのために行動しますっていう覚悟なくして実現しない**ということが分かっているけれど、当時の私は適当に決めさえすればそれが法則なんだから宇宙や神様が何とかしてくれる、と思い込んでいたのです。

結局引き寄せもうまくできない自分、私の言ったことで彼にも迷惑をかけてしまった自分、何もかも悪いのは「自分」だと責めるばかりになってしまった、新居での生活でした。

突然の離婚を切り出されて

その後、自分たちの身の丈に合った部屋を借り直すこととなりましたが、子どもが生まれてからも、泣いている赤ちゃんが何で泣いているか分からない……そんな一つひとつのことで自分を責める日々。

赤ちゃんが泣くのは当たり前なのに、初めての子育てだったこともあり、大切に育てたくて頑張ってるにもかかわらず、赤ちゃんが「泣いている」ということは、自分の心の何がこの状態を引き寄せているのかって、ずっと考えてしまって。**すっかり「引き寄せ迷子」思考にどっぷりはまってますよね。**産後うつだったのかもしれません。

今ならその頃の自分に「初めてだらけの中で、私本当によく頑張ってるね、彼も周りもたくさん助けてくれてることも申し訳なく思わなくて大丈夫だよ。部屋が少し位汚いのも、責めなくていいよ」って声をかけられるんですけど、当時は自分を責めるばかりでした。

こうして、「引き寄せの法則」に囚われ過ぎてすべてがおろそかになってしまい、部屋は汚れたまま、疲れて帰ってくる彼に夕ご飯を作ってあげることもできなくて、そんな状況に落ち込んで何も手がつかず、自分自身も身だしなみもめちゃくちゃ、髪の毛もボサボサ。やることなすことすべてを自分のせいにして、責める毎日で心が疲弊するばかりでした。

すっかりボロボロな私に対して「愛がハッピーならそれでいいんだよ」と辛抱強く見守ってくれていた彼。でも、ついに限界が来てしまったのです。会社を立ち上げたばかりの大変な時期と重なったせいかもしれません。子どもの世話に関するちょっとした言い争いから、

「離婚しよう。
支え合えている気がしない。
結婚してからずっと、君という子どもの面倒を見ているようだ」

うつになったり苦しんでいる私を一生懸命にサポートしてくれていたけれど、やはり不満は少しずつ溜まっていて、それが噴き出してしまったという感じでした。

自分の心ばかりを見ようとして周りを見ることができなくなっていた私に、愛想が尽きてしまった、ということだったのかもしれません。

話し合いというよりも、すでに心を決めてしまった彼からの、決別の言葉でした。

彼の決断力の早さや自分を曲げない芯の強さが大好きだった私にとって、この言葉には素直に従うしかありませんでした。次の日には彼としていた仕事も解雇され、彼から「自分は月末までに家を出ていくから、愛も出ていって欲しい」と言われました。

私も、「こんな悲しい思い出になってしまった部屋に子どもといい続けるなんて嫌だ!」と、後先考えずそのまま家を飛び出してしまいました。

ただただ、悲しいだけで、何も考えられませんでした。

すべてを委ねた時、ようやく会えた

この先、どうしていったらいいんだろう。

2歳の子どもと2人きり。貯金も18万円位しか残ってない。

来月の収入もほとんど見込めない。

なんでこんなことになったんだろう。

そこからの1週間は、離婚という現実が受け入れられなくて、ただただ泣いて過ごしていました。

朝、保育園に子どもを預けても、何をすべきか、何から手をつけていいか……考えることもできなくて、駅前にあるカフェの片隅で子どもを迎えに行く時間まで泣いていました。

本当だったら新居を探したり、仕事を探したりしなきゃいけないはずなのに、本当に何もしたくない。まだまだ彼を愛していたし、何で別れなきゃいけないのか分からなくて、分かりたくなくて。

「どうして?」「どうしよう?」

この言葉がループし続けるだけでした。

そして、離婚を言い渡されてから1週間目の夕方のことです。

女優を続けることに悩んでいた時期からコーチングや引き寄せ、ヒーリングも学んで、自分を変えてきたのに、何でこんな人生になるんだろう？
原因をずーっとずーっと考えたけれど、もう何も思いつかないし、何も考えられない……。

それなら、もう自分の頭で考えないで、神様に委ねよう……。

「神様どうぞ私をお使いください」

持っていたノートに泣きながら書きました。
そして泣き疲れて、うたた寝してしまった時です。

「お主はようやく
ワシの話を聞く気になったんじゃのう」

寝ている私の頭の中に、この言葉が降りてきたのです。
これが、私の守護龍神・竜ちゃんとの出会いでした。

この時、どうして私はこの言葉が龍神様からの言葉だと思ったのでしょう。

さかのぼること9年前の「不動明王はお亡くなりになった」というメッセージ、そのエネルギーに似ていると感じたからかもしれません。

そして、その瞬間に思い出した、何人かの方から「あなたは龍にご縁があるよ」と言われてきた言葉のせいだったかもしれません。

何だか懐かしいような感覚と、急に今までのことが思い出されてきて、思わず「あなた、龍神なの？」と問いかけました。すると「やっとかあ」といった調子で「そうじゃよ」と答えてくれました。

きっと竜ちゃんも気がついて欲しくて、でも辛抱強く待っていてくれたのだろうって、今になって思います。

こうして、私は竜ちゃんと出会い、共に人生を歩み出したのです。

Chapter

2

どん底を
ひっくり返す!
ヒミツの方法

竜ちゃんってどんな存在？

「守護龍神」って言うと、何だかドドーン！　とすごい存在で、恐れ多くて「ははーっ」ってひれ伏しちゃうとか、龍神さまのおっしゃる通りに人生を進まないと、バチが当たる、みたいに考える方もいるかもしれません。

実際にそういう厳しめの守護龍神さまもいるかもしれませんが、竜ちゃんはイラストを見てもらっても分かる通り、まったくそういう感じではなく、**日々の私の悩みや相談について、褒めてくれたり、応援してくれたり、いつも私に寄り添ってくれる存在です。**

竜ちゃんとの会話は、私の耳に言葉が聞こえるようにしゃべってくれているのではなく、頭に**エネルギーのようなものが降りてくる感覚**です。

このエネルギーを今私が知っているすべての日本語の中から当てはめるとしたら、これ、と感じたものを言葉にしています。

こうして守護龍神とつながってる感覚が、何か特別だと想像してしまいがちですが、竜ちゃん曰く、「ワシらは、人間たちが気づいてようがなかろうがそばにおるし、サポートしておる」存在だそうで、いつも一緒にいることを受け入れて、意識していけば、そのエネルギーをどんどん感じられるようになるんです。

その特別じゃない感覚は、
「守護龍神とつながってるんですね。すごーい！」は、
「トイレでウンコするんですよねー。すごーい！」と同じだそうです（笑）。

◆この「すごい」自体が言われなくなる日が来て、
それが、当たり前になる日が来るぞ

今では普通に伝えることができますが、実は竜ちゃんのことを皆に伝えることをためらっている時期がありました。変な人と思われるんじゃないか、周りの人に嫌われ

ちゃうんじゃないかって、昔のトラウマもあって何度も悩みました。でも、竜ちゃんが言う通り、守護龍神とつながることが当たり前になるのであれば、そのお手伝いがしたいなと決心したのです。

どん底をひっくり返す！　ヒミツの方法

さて、人生のどん底と思える時に現れた守護龍神の竜ちゃん。

竜ちゃんと共に生きることを決めたら、もうこれ以上ないというほど落ち込んでいたのに、逆に**「今すぐ幸せになって、自分の好きな世界を作るぞ！」**という気持ちがむくむくと湧いてきました！

そしてそれから、竜ちゃんとの会話の中で、幸せへの近道になるヒント、自分を責めそうになった時、もうどうしたらいいか分からないという時、そんな状況をひっくり返す方法のようなものをたくさん教えてもらいました。

ちょっと笑えるような方法からそんな方法があったんだーっていう方法まで、どん底をひっくり返して大逆転した実際のストーリーとともに、竜ちゃんの言うところの

〝ヒミツの方法〟を紹介しますね。今の状況をひっくり返したいと思ったら、思い出して試してみてください。

ヒミツの方法❶

思いっきり責めて責めて、その後に「コケコッコー！」

かつて自分責めのプロだった私。反省なら糧になるかもしれませんが、自分責めって自分を攻撃して自分の心を傷つけるだけだから、本当にいいことがないのです。

私の所にも「今のどん底の状況を何とかしたいけれど、どうしたらいいか分からない」と相談に来る方も多いのですが、お話を聞いてみると、自分を否定していると言いますか、自分が悪いみたいに思って責めてしまっている方が多いです。

「うまくいかないことばかり続きます」「頑張っているのに報われないのです」「何もやる気が起きなくて、毎日涙が出ます」……そんな悩みに対して、竜ちゃんはいつも**「自分を責めるのをやめてみてはどうかね？」**って話しかけます。

だけど同時に、竜ちゃんは**「責めたかったら思いっきり責めてもいいんじゃよ」**とも言います。

元々、私は自分自身を責めているなんて思っていませんでした。ちょっとストイックな性格なだけだと思っていたのです。しかし、ノートに自分の気持ちを書くようになって、自分を責めていることに気がつきました。そして、自分を責めたくなったら、思いっきり自分を責め切った方がスッキリするので、あえて思いっきり責めることで気持ちを切り替えるようになっていました。

でも、離婚をすることになった時だけは、こんな状況にしてしまった自分のことが許せなくて、

バカ！　なんでこんな失敗ばかりするんだ！　お前のせいだ！　生きてる価値ない！

他にもここでは書けない位、自分に対してものすごい罵声を浴びせていました。その嫌な気持ちが文字におさまらず、ノートに穴が開くぐらいグルグルとページを真っ黒に塗りつぶして、ノートをリビングに投げつけて自分の足まで殴るほど……すごい勢いで自分を責めてたんです。

そうしたら、唐突に竜ちゃんが「コーケコッコ——！」って叫んだんです。

私は、ちょっと邪魔しないでよ！　という感じで、そのまま涙を流しながらブツブツ自分を責め続けていたら、また竜ちゃんが「コーケコッコ——！」って。

思わず「何？」って聞いたら、

◆自分を責める行動が止まらない時には「コケコッコー！」と叫んでみるんじゃよ。あほらしくて力抜けるじゃろ？

それを聞いたら、なんだか硬くなっていた心とか身体のこわばりが急にふわっとほどけて、脱力しちゃいました（笑）。

竜ちゃんが言うには、自分の中にブラックな気持ちを溜め込み過ぎると、心も身体も病んでしまうから、こうして吐き出すのはいいけれど、思いっきり吐き出したら、それ以上引きずらないこと。それが大切なのだそうです。

でももしも、自分責めが止められないなら「コケコッコー！」と叫ぶのがいいと。

突拍子もないけれど、なんだか笑えて、責めてる自分、ブラックな思いを抱えている自分がバカらしくなるからって（笑）。気持ちを切り替えられたら、さっさと先に進もうって思えるんです。竜ちゃんのメッセージ、なんだか力が抜けませんか？

ちなみに私は、コケコッコーと叫んで、力が抜けたあと、立ち上がって、リビングの隅に飛んでいったノートを取りに行って抱きしめて、「ごめんね、いつも気持ちを受け止めてくれてありがとう」と思え、自分を責める声がピタッと止まりました。

◆責めるのをやめたお主をホメホメじゃ！

ヒミツの方法❷

どん底をひっくり返して幸せになれる！オールオッケー！

ある時、相談に来られた女性なのですが、来た時にはげっそりと痩せて、すごく顔色が悪く、疲れ切った様子でした。そして「実は私、乳がんが見つかって、初めての抗がん剤治療をして病院から退院したばかりなのです。家族ともうまくいっておらず、離婚もしたくて、とにかくどん底なのです」と話し始めました。

詳しく話を聞いていると、離婚をしたいと思っているのだけれど、主婦でそんなにお金もないところに乳がんになってしまったから、お金を稼ぐこともできない。そんな私が、離婚したいなんて思っている……つまり「離婚をしたいなんて思っている自分」のことを責めて悩んでいるのです。

その時、まず竜ちゃんが言ったことは、

◆それは「ガーン（がん）じゃな」

さすがに、「……竜ちゃん、それは言えないよ」と言ったら、

◆なんで自分ばかりを責めてるんじゃ？
お主はがんで療養中なんじゃから、自分では何もできないことが多くたって
いいし、離婚したいと思ってもいいんじゃよ！

彼女に竜ちゃんの言葉を伝えると、「えーっ！　思っていいんですか？」「そんな願いを持っていいんですか？」という感じで驚かれて。

もちろん悩みの原因から解決方法を考えることも大切ですが、まずは自分を責めることを止めるのが先なのです。なぜなら、**人は自分を責める時に、その時の行動だけでなく、感情や人格……何もかもを責めてしまうから。**

例えば「大変な時なのだから、笑う気持ちになんてなったらダメだよ」とか、「無理して頑張るこの性格がダメなんだ。また調子悪くなるかもじゃん」といった感じで、何をやっても自分を否定するようになってしまうんです。

これでは一歩を踏み出すこともできないし、萎縮するばかりで人生が好転するわけ

がありません。

だからこそ、「よくやってるね」と自分を褒めてあげたり、「嫌だったね」と共感して、**全部自分を認めてみる。何を思ってもオッケーなのです。**

相談者の彼女は、このセッションのあと、勇気を出して旦那さんに離婚を切り出したのですが、あれよあれよという間になぜか仲良しになってしまったのです！

それだけでなく、身体も健康になり、守護龍コーチとしてクライアントに寄り添う仕事を始め、デザインの才能も開花するなど、活躍の場を広げています。

とにかく自分を〝オールオッケー〟する、これが大逆転の秘訣なんです。

例えば、子どものことはかわいいけど、たまに苦しくなって「どうして産んじゃったんだろう？」と感じてしまう。自分で産んだのならそんな気持ちになったらだめだ！と苦しまれるお母さんもいらっしゃいます。

でも、心の中でそう感じる自分を「いいよ。そう思っちゃう時もあるよね。頑張ってるもんね」とオールオッケーしてあげる。

本当はもっと身体を休めたいのに、自分ばかり毎日ダラダラ過ごしているようで、何もしていないから「ちゃんと働け！　みんな仕事しているんだから！」と自分を責めて苦しくなりがちな人もいますよね？

そんな時は、「みんな頑張ってるけど、私はもっとのんびり10時間くらい寝てスッキリしたいよね♪」と、心の中は自由に思うことをオッケーしてあげるのです。

ネガティブなことだろうが、非常識なことだろうが、何を思っても願ってもいいんです！　オールオッケーです！

それを行動に起こすかどうかは、自分の願いや思いを受け止めたあとに考えることですし、一度オッケーすることで冷静に判断できるようになるし、なんだか心の奥がほっと安心するんです。

ちょっと落ち込んだり、心がきゅっとなっている時「無理したり、我慢していることないかな？」と自分に聞いて受け入れてあげてください。

自分の気持ちを聞いてあげるだけでも、一瞬でほっとする感覚になれると思います。

◆思ってはいけないことなど、何もないんじゃよ♪

ヒミツの方法❸ 心の周波数を「エネカル」に変えて、状況をひっくり返す

悩んだり人を恨んだりしている時って、ものすごく心が重たくて、気持ちがモヤモヤしていて、動くことも嫌になったりしませんか？

これって自分の発している周波数が重くてモヤモヤしているから、同じような重たい周波数のモヤモヤした現実を引き寄せちゃっている状態なのです。

この周波数を自分で変えてしまわない限り、どんなに幸せを願っても、周波数がネガティブなのでネガティブなものを引き寄せ続けてしまいます。

以前、私の尊敬する方から、その方の母親が、ある宗教を熱心に信仰されていたという話をお聞きすることがありました。毎日神様に一生懸命に祈っているのだけれど、家族関係でトラブルが起きたり、お金でとても苦労したり、いつも苦しそうにしていて、泣きながら祈っている母親の姿を長い間見てきたそうです。

今は守護龍神が自分の近くにいてサポートしてくれていることが分かっているけど、「なんであの時、神様は助けてくれなかったんだろう」って話になりました。すると、竜ちゃんが、

◆ワシらのことをもっと責めていいぞ。
責めたかったら責めていいんじゃよ。
責めるということは本当に信じていたということじゃからな

と話してくれました。それを彼女に伝えたら、「そうですね……自分も神様のこと信じていたんですね。だから助けてくれなくて悲しかった。信じていたのに、裏切られたみたいな感じがして」とその時の自分の気持ちに気づいて涙されたんですけど、そ

のあと竜ちゃんが、こう言いました。

◆でも、ちょっと思い出してみてはくれんかのう？
お母さんは、祈っている時に苦しそうだったじゃろ？
それは、つまり祈り方をミスってるんじゃ。
苦しい周波数で祈っていたら、「苦しい」現実が寄ってきてしまうじゃろ。
これからは、解決した時になりたい周波数（幸せな周波数）で祈り、
願うんじゃぞ！

「祈り方をミスっている」という言葉を聞いた彼女はハッとして、「確かに！」って笑い出したんです。そして、「これまでのお母さんは一生懸命ミスっていたんだと思うと、なんだかかわいいな、一生懸命だったなと愛おしく思えて、20年間ずっと母親に対して抱えてきた悩みが、スッキリ軽くなりました」とおっしゃっていました。

苦しい、苦しい、苦しいっていうのを心に抱えた周波数のままでは、どんなに願っ

ても引き寄せられるのは〝苦しいもの〟ばかりになってしまうから、**叶わなかったのは神様のせいじゃなくて、自分の放った苦しい周波数が戻ってきていただけ**なのです。この時守護龍神は、人間の体験をよい・悪いなく見守り、メッセージを送っているのです。

だからこそ、祈る時、願う時には、苦しみながら願うのではなく、**それが叶った時（解決した時）になりたい心の状態で祈ることが大切なのです。**

この場合なら、お金も人間関係も解決した時の心の底からリラックスした気持ちで、「神様、たくさんのものを与えてくださりありがとうございます。充分に受け取っています」と祈ることによって、充分な現実を受け取ることができます。

願いが叶った時は、誰でも幸せで軽やかな気持ちになります。エネルギー軽め（エネ軽＝エネカル）です。辛い、苦しいは重い気持ちになります。エネルギー重め（エネ重＝エネオモ）です。願いが叶った時のエネカルな気持ちで祈りましょう。

これが状況をひっくり返す心の周波数の作り方です。

◆お主は祈り方をミスっておらんかね？

ヒミツの方法❹ 自分の未来を信じて、作って、ひっくり返す

ここで、私の実体験、常識もひっくり返っちゃった出来事を紹介しますね。

私は、今の旦那さんと再婚を考えた時に、彼との子どもが欲しいなって思っていました。そんな時にお腹が痛くなったので産婦人科の病院に行ったのです。

何も調べずに行った産婦人科の先生はかなりのおじいちゃん先生で、耳は遠くて会話がなかなかできないし、診察する手は震えているような、そんな先生だったのですけど、いきなりぼそぼそ声で「あなた排卵してないね。排卵機能障害だよ」って言われたのです。思わず「え？　今排卵してないってことですか？」と聞いたら、「ずっとだよ」って。

その場は茫然としてショックを感じる間もなく、「あ、そうなんですね～」という感じで診察を終え、病院を出た瞬間に、初めて涙がつーって流れて……。なんで再婚を

しようと思ったタイミングでこんなことになるんだろうって、すごく悲しくなったのです。

泣きながら彼に電話したら、「子どもができなかったとしても、一緒に生きていきたいって思っているよ」って言ってくれたこともあり、心も落ち着いて、彼とのパートナーシップもさらに深まるきっかけになったけれど、やっぱり苦しいし悲しいし。

そんな時、竜ちゃんが「排卵機能障害」ってでっかい字を私に見せてきて、

◆お主は言葉にやられておる！

そう言いながら、「排卵機能障害」「排卵機能障害」って何度も見せてくるんです。

この「言葉」によって自分を痛めつけてしまってるとのこと。

そして、

◆確かに障害は今起こっているのかもしれん。

じゃが、電波障害だって何時間後かに復旧するじゃろ？
お主も明日は復旧しているかもしれないじゃろ？

って。

そう言われてみると、確かに自分は先生とか専門家といった人の言葉に弱くて、素直に取り入れちゃうクセがある。だけど、竜ちゃんのアドバイスを信じて「私は今回、病院で排卵機能障害と診断された。でも、明日は分からないよね」って思うことにしたのです。

それから2週間後、またお腹が痛くなったので、今度は別のレディースクリニックに行って診察してもらったのですが、「あぁ、排卵してないね」って前の産婦人科の病院と同じことを言われたんです。さすがに「ガーン……」ってなりましたが、**先生という権威から言われた現実の世界を見るのか、自分が信じたい世界を見るのか、自分の中で問い直す時だなと思って。**

「私自身が自分の未来を**信じてないから、こんなに悲しいんだ。**そもそも別に排卵機能障害だとしても、子どもができなくても楽しく暮らせばいいんじゃない？」という感じで、「楽しく暮ーらそ♪」って素直に思い直しました。

そうしたら、さらにその2週間ほど後に不正出血があって、さすがに怖いなと思って前回のレディースクリニックに行ったところ、「排卵機能障害の診断だった方ですね。でも念のために……」ということで妊娠検査をすることになりました。

そして、

妊娠していることが分かったんです！

先生も「あっれー？」とか言ってるんですよ（笑）。こっちは「あっれー？　じゃないよ」という気持ちでしたが、でも2つの病院で「排卵機能障害」「今月は排卵していない」と診断されているから診断が間違っていたということもないと思います。

子どもが生まれるんだというううれしさとともに、こういう幸せな未来も自分で創造していけるのかと、感動しました。

それからは、言葉に惑わされず、悪いことに関しては「明日は分からない」。良いことに関しては「明日も続くだろう」って思おう、未来を自分で信じて作ろうって決めたのです。

幸せな未来は自分で作ることができると体感させてもらった出来事でした。

◆「お金が足りなくていつもカツカツで！」とか、
「来月が心配で！」とか
口ぐせのように言ってしまう時は
「今月も暮らすことができた。だから来月も暮らすことができるだろう」
と思って安心するのじゃよ

ヒミツの方法⑤

本音をワンクッション。コミュ力0でも大丈夫！のパートナーシップの築き方

前の章でも話しましたが、私はコミュニケーションを取るのがとても下手で、なかなか周りとの人間関係がうまくいかず、何とか改善しようともがき続けた経験があります。だから幸せに生きるためには、家族とかパートナーシップがとても大切だと思っているので、苦手意識がある方もぜひパートナーシップを上手に深めて幸せになってもらいたいなと思っています。

とはいっても、そもそも赤の他人であった人と出会い、信頼関係を築き、しかも継続させることって、やっぱり難しい。コミュ力に自信がなければなおさらです。

「パートナーシップを深めたいけれど、どうしていいか分からない」そんな私と同じ悩みを持つ方でも、**考え方や自分の本音を見つめていくことで、ステップアップしていくことができる**ので、安心してくださいね。

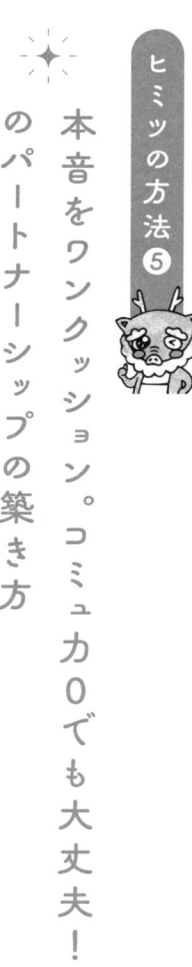

うまくパートナーシップを築けない理由の一つに、相手の話をちゃんと聞けないとか、相手に自分の気持ちを軽やかに伝えられないからっていうのがあります。

例えば、私が今の旦那さんと結婚する前になりますが、「今日はおいしいご飯を作るよ」と彼にメッセージを送っても、「ごめん。今日は行けないんだ」という返事が来ることがたまにありました。そうすると、それだけで私は「彼にもう嫌われたんだ」って思って一日中ふさいじゃうみたいなタイプだったのです（笑）。

さすがに、竜ちゃんからも、

それ本当かのう!? 嫌いになったから来ないって彼が言ったのか？

いやそうに違いないから……

バカじゃのう！　ほれ、きちんと聞いてみるのじゃ！

とよく言われてました（笑）。

何度も言われ続けるうちに、勝手に決めつけるクセのある自分に気がついて、意識して直すようになったら、彼だけでなく、友だちや仕事関係でも人間関係が築きやすくなりました。

でも、ただ相手に聞けばいいということではありません。同じようなシチュエーションになった時に「来たくなくなったの？」「私のこと嫌いになったの？」という聞き方をすれば、相手は面倒くさいなと思ってしまいます。

「会えなくて寂しいな」「そっか〜来られなくて残念！　作るのやめようかな（笑）」と**自分の本音をワンクッション挟んでから、**「また一緒にご飯食べれたらうれしいな！」「次っていつ会えそうかな？」「夜は電話しても大丈夫？」、こんなふうに未来の希望を伝え、相手と話すようにしています。そうすると、本音のキャッチボールが少しずつできるようになって、相手も「僕はね」「私はね」って言ってくれるようになるのです。

人間関係はゆっくりじっくり。焦らないことも大切です。

◆お主は勝手に自爆しておらんかね？　ドカン！　は損じゃよ

ヒミツの方法❻

自分らしさを認めて、カチッとピース！

人間関係を深めていくために重要なものとして、自分の欠点、ダメな所も自分らしさとして認めることも大切なポイントです。

私の場合ですが、実は事務作業が苦手でまったくできなくて、順序立てての説明も下手。相手に説明をしている間に「結局、何が言いたいのですか?」と言われてしまうほど。失敗して焦って周りを見てみると、めちゃくちゃ説明や作業が上手な子が、私のできないことをパパッとこなしてる……。それを見てはすごく落ち込んで、頑張ってできるようになりたいと思っていたし、自分のことを慕ってくれている後輩のような子にも、ちょっと先輩ヅラをしたかったし（笑）。

最初は一生懸命背伸びして頑張っていたのですが、失敗も多くてたくさん迷惑かけていました。

でも、私は事務作業はうまくできないけど、それを助けてもらうために、彼女に出会っているのかもしれないと思い直し、そこで決めました！

できなくて周りに迷惑をかけ続ける位なら、自分ができないことを認めて、許して、できないことはやってもらう。そして、私は私ができることに一生懸命になろう。例えば今やっている講座でよいものを作るとか、守護龍神のことで皆が知りたいことをちゃんと教えられるよう一生懸命になろうと。

すると、周りも喜んでくれるし、チームの皆も自分のできることを責任持ってやろう、できないことは相手を信頼して任せようという雰囲気になって、チームワークもぐっと深まりました。

自分らしさを認めると、自分に足りないピースがやってきてカチッとはまる！

仕事に限らず、何でも自分に合うピースがはまればOKだから、**自分のダメな所はさっさとを認めて、相手の素晴らしいところを認めると、**

まさに、カチッとピース！

人生のピースが自動的にはまります。

◆お主のダメな所は、誰かに支えてもらうために存在するのじゃよ

ヒミツの方法⑦

イヤなつぶつぶは解散～！好きなつぶつぶ集合！で大逆転

意外と知られていないのですが、「イヤだ！」と思う、このチカラはとてもパワフルです。

この「イヤだ！」を自覚したらそのまま進むのもパワフルなのですが、「イヤだ！」

という負の感情のエネルギーで心がトゲトゲしたままなので、自分の中に苦しく辛い気持ちが残ってしまいます。

それよりも本当の願いを素直に願う意識で進む方が、楽しい気持ちでもっと簡単に人生を逆転させることができるんです。

これが、

竜ちゃんの奥義、「つぶつぶ理論」（笑）

私は、本当に何度も助けられました。

どういう話かというと、竜ちゃんは私たちのような物体としてあるものは、つぶつぶ（粒子）でできているんだって説明してくれます。そのつぶつぶがギュッと集まったのが人間。もちろん他の物体、コップだってきれいな花だって、全部つぶつぶでできているんです。そのつぶつぶはくっついたり離れたり、自由なつぶつぶだと思ってください。

そして、例えば自分が太っていて、痩せたいなと思っている時。

「私はデブだ、太り過ぎている。それがイヤだ、イヤだ」と思ってばかりの状態で、痩せようとすることは難しいのです。なぜなら、太っているあなたを作っているつぶつぶの一つひとつにぜーんぶ、すでに「デブ」「太り過ぎ」って書き込まれている状態だから。

自分で「デブ」と決めているから、一つひとつのつぶつぶが「デブ」であり、だからそれが集まって「デブ」になる。なかなか変われないのです。

太っているところから痩せたい場合、一回「太っている」ということを終わらせるために、

「私は痩せて美しく生まれ変わります」と決めて、自分で今までのつぶつぶの結合を解除してみましょう。

つぶつぶの一つひとつに「デブ」という文字が書いてあるのを想像して……

合言葉は「解散〜〜〜!」

そのつぶつぶが飛んでいくのをイメージします。

そして、改めて「美」とか「細身」とか本当になりたい自分を決めて、その言葉を書いたつぶつぶを「集合〜!」と言って再結合させれば、あなたは「痩せて美しい自分」に生まれ変わることができるのです。

これは他の願いや叶えたい夢でも同じです。

だいたい幸せになりたいと思っている人は、自分を構成しているつぶつぶの一つひとつに「不幸」「不幸」「不幸」「不幸」……って書いてあることが多いんじゃ。

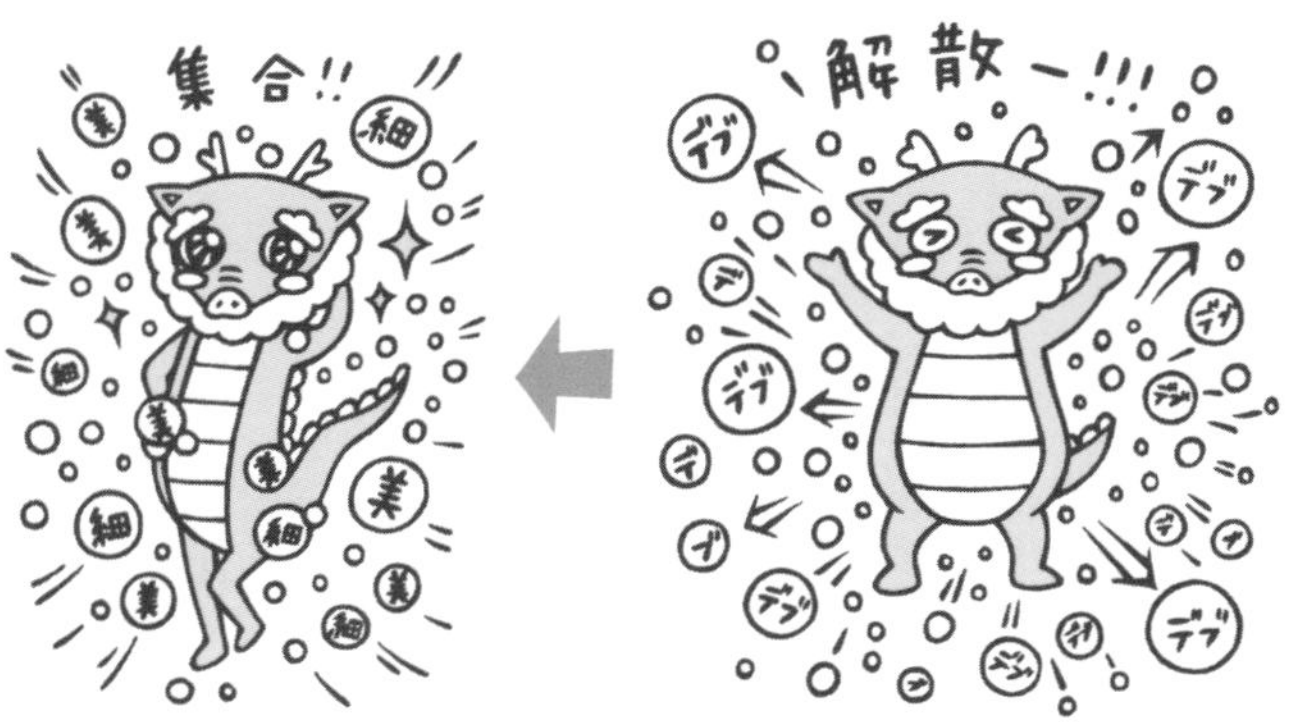

イヤじゃろ？

うわああってなるじゃろ？

一刻も早く変わりたいじゃろ？

だから、「（身体についた不幸、不幸、不幸…のつぶつぶを想像して～）

かいさ～～～ん！」って叫ぶんじゃ。

そして「（うれしい、うれしい、うれしい…のつぶつぶを想像して～）

しゅうご～～お——！！」

って叫んで集合させるんじゃ！

お主らは今ここに生きている存在じゃが、心のどこかで過去の辛かった出来事を引っ張ってきて臆病になったり、諦めたりしてしまうものじゃ。過去の思いや辛い経験のつぶつぶを吹き飛ばして、新しいなりたい自分のつぶつぶだけ集め直して、自分を作り直すこともできるんじゃ！

こんなに早い変身はないいんじゃよ。

本当は一瞬で変わることができるんじゃよ。

竜ちゃんは、このイメージがうまくできる人もうまくできない人もいるから、形になるのには時差があるけれど、自分自身の心はあっという間に変わることができるから、まずは自分が思いたいものをくっつければいいって教えてくれました。

皆さんの新しい「なりたい自分」はありますか？　身体の痛い所でも、イヤだなと思う想いでも、つぶつぶには何を書いてもいいです。

思いつくものを書いて、解散、集合させて、今この瞬間にも作り直してみませんか？

身体があるお主らならではの楽しみ方じゃ！
どうかね？　今すぐ幸せになってみんかね？

Chapter 3

守護龍神とつながろう！

～あなたの守護龍神から
メッセージを受け取るレッスン～

あなたの守護龍神からのメッセージを受け取るレッスン

ここまで読んでくださった皆さんは、元々「自分の守護龍神とつながりたい」という思いがある方も、何の気なくこの本を手に取った方も、皆さんが全員守護龍神にご縁のある方々です。

龍神というと、マンガ『ドラゴンボール』に出てくるドラゴンやアニメの『まんが日本昔ばなし』に出てくる龍などを思い浮かべるかもしれませんが、竜ちゃんによると、守護龍神は、物質世界にいる私（人間）と精神世界にいる神様をつなぐ役割を持ったエネルギー体だそうです。

私が守護龍神である竜ちゃんとつながるようになって教えてもらった話では、龍神の役割には2パターンあり、地球を宇宙から見た時に、縦軸の流れの働きをされる龍神と、横軸の流れの働きをされる龍神がいるそうです。

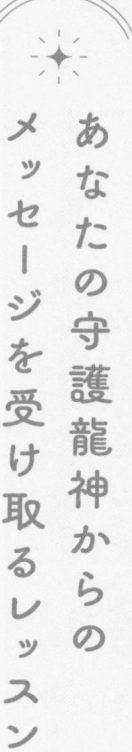

横軸の龍神は、神社などに祀られている、天候を司ったり土地を守ってくださるような龍神のことだそうです。

昔話などの龍神様の話で、河川を氾濫させたりと人々を苦しめるようなネガティブな伝説があったりしますが、これは地球全体で見た時に、これ以上悪くならないよう、バランスを取るために起こされたことであり、実は結果的に私たちを守ってくれているんです。

そして、**縦軸の龍神、これがこの本の主役！である守護龍神です。**

まず覚えていて欲しいのは、**守護龍神は一人に一柱ついていて、これはあなたが守護龍神というものを信じていようが信じてなかろうが、必ずついているということです。**

だから、あなたも「自分の守護龍神とつながりたい」と思えば、誰でも守護龍神からのメッセージを受け取ることができるようになります。

「霊感もないし、私なんか無理」「やっぱり気のせいかも」……なんて思わなくて大丈夫です。あなたが自分の守護龍神とつながりたいという気持ちが大切で、実は「つながりたい」と思った時点でつながることができているんです。

守護龍神は本当はいつもそばにいてくれているのですが、今は守護龍神とつながる回路がオフになっている状態といえばいいかもしれません。

最初はどうしても「龍神はいないのでは」「そんな簡単につながるわけがない」という固定観念があるので、少しステップを踏んで、守護龍神を呼ぶ（スイッチのオン）、守護龍神が帰る（スイッチのオフ）のイメージをした方が、つながりやすいと思います。

そこでこの本では自分の守護龍神とつながり直す方法（瞑想）からお教えします。

その瞑想が、守護龍神とつながるスイッチのオン・オフを行う、初心者向けのルーティンだと思っていただけると分かりやすいかなと思います。

何十回、何百回、何千回……とやっていくうちにこのルーティンをやらなくてもつながるようになっていきますが、まずは忘れていた龍神の存在を思い出すために、ぜひやってみてください。

それでは、さっそく守護龍神とつながる瞑想を実践してみましょう！

✦龍神さまとつながり直すための儀式✦

準備編

手紙を書く

初めて守護龍神とつながり直す瞑想をする時は、まず守護龍神へのお手紙を書いてみましょう。いきなり始めるよりも、その前に文字に書き起こすことで、自分の意思や望みがより明確化して、イメージしやすくなるからです。

書き方は特に決まりはなく、あなたの好きな書き方でよいのですが、自己紹介といつも一緒にいてくれることへの感謝、そしてこれからの決意表明や今後のサポートのお願いなどを書くとよいと思います。一例になりますが、

「守護龍神さま、いつもありがとうございます。

私は○○（住所）に住んでいる、○○（名前）です。

これまで私が気づいていない時も、ずっと守ってくださりありがとうございます。これからはもっともっと守護龍神さまの愛を受け取っていきたいと思います。どうぞよろしくお願いします。

私はこれまで〇〇〇〇〇〇（今までの自分について）という人生を歩んできて、これからは〇〇〇〇〇〇（自分のこれからなりたい姿）のような人生を歩んでいきたいと思っています。

守護龍神さまと一緒に楽しみながら、進んでいきたいと思っていますので、どうぞよろしくお願いします」

この時に気をつけて欲しいのは、守護龍神は**「こんな人生を生きる」と人間が決めたことを〝サポートする〟存在**だということ。お願いすれば、何でも叶えてくれるということではなく、自分で叶えるために進んでいく〝覚悟〟を持ってお願いしてくださいね。

これからのなりたい自分の姿と、それに向かって進んでいくので応援してください、という気持ちで書くといいと思います。

STEP 1

自分が気持ち良く感じたり、集中できる場所で瞑想する

瞑想は、自分が心地よく感じる場所や、集中できそうな場所ですると、つながりやすくなります。

例えば、屋外ならお気に入りの神社やパワースポットでもいいですし、家の中なら、自分の部屋やリビングでもＯＫ。お風呂の中で身体をじっくり温めながら行うこともおすすめです（体温36・8度〜37度がつながりやすい温度だと竜ちゃんが言っていたので、身体が温まるような環境もいいかもしれません）。

また、人が多い場所や、賑やかな場所の方が集中できるという方は、図書館やカフェなどでもいいと思います。気負わず、自分がいいなと思える場所ならどこでもＯＫです。

まず手を合わせて目を瞑り、

「親愛なる守護龍神さま、いつも私を見守り、お導きくださいましてありがとうございます。守護龍神さまとつながらせてください。よろしくお願いします」

とご挨拶をします。この時、口に出してもいいですし、心の中で祈るだけでも大丈夫です。

手を合わせることで、手のひら同士の温度を感じると、思考ではなく感じることに意識が向くので、より意識を合わせやすくなります。

仰々しく印を結んだり、大声で唱える必要はありません。目を閉じて、軽く手を合わせてご挨拶をする、というイメージでOKです。

POINT!

おすすめの呼吸法

守護龍神とつながろうと思った時に、何だか心がざわついてしまったり、集中しづらいと思う時におすすめの呼吸法です。瞑想する前にやってみましょう。

4つ数えて鼻から吸って、4つ数えて口から吐く。全部で8つ数えて一呼吸。

心の中に大きな8の字をイメージして、上の○の部分を描くような気持ちで吸い、下の○の部分を描くような気持ちで吐く。身体の中をエネルギーが気持ちよく循環するような感じで。

吐く時にいらないもの（溜まった疲れやもやもやしていること。頭の痛みや身体のだるさ。いらないと思う人間関係の悩み）も吐き出すイメージです。

身体が充分にリラックスできたなと思うまで続けると、守護龍神とつながりやすくなります。

8という数字は横にすると∞無限大マークじゃ!

5
8
6
7

3
2
4
1

STEP 2

背中から天に向かって光の柱を立てる

次に、自分の背骨に沿って、光の柱（私は龍のエネルギーと呼んでいます）が天まで届くように伸びていくのをイメージしてください。「守護龍神とつながりたい」「守護龍神と話をしたい」という意識が、この光の柱とともに天に向かって伸びていきます。自分に柱を立てて、「私はここにいるよ～！」と天にいる守護龍神に合図をするような感じです。

背中がむずむずしたり、熱くなったり、頭の辺りがパカッと開くような体感がある方や、自分から光の柱が立つのが視える方もいるかもしれません。もちろん、何も感じない方も大丈夫です。「つながりたいです」と思った瞬間にすでに光の柱は立ち上がっていますから。

STEP 3

龍神があなたを包み込み、そしてつながった状態に

ここからは次のようなイメージをしてください。

背中から立つ光の柱を目印に、天から守護龍神が旋回しながら降りてきます。いわゆる龍神の姿であったり、光のかたまりだったり、人によって視えるもの、感じるものは様々ですが、もちろん、無理に視たり感じようとしなくても、ちゃんと守護龍神は降りてきているので大丈夫です。

降りてきた守護龍神は、そのままあなたの身体をすっぽりとエネルギーで包み込んで一体化していきます。

そして、あなたとの一体感を残したまま、守護龍神はぐるっと地球全体を回りこんで（竜ちゃん曰く、地球もあなたも元々一つなのをいつも思い出して欲しいからとのこと）、スッと再びあなたの顔の前に現れる……。

これであなたとあなたの守護龍神が再びつながった状態です。

体験された方の中には、

「来てると言われれば来ている気がする……」

「温かいと言われれば温かくなったような……」

といった感じで自信が持てない方が多くいらっしゃいます。

せっかく自分の守護龍神とつながり直したいと思っていても、「間違っていたら恥ずかしい」「間違っていたらバカみたい」と臆病になってしまうんですね。

でも、「そんな気がする」ことが大事。その感覚を育てていくことが、守護龍神とつながりやすくなる第一歩なので、自分の感覚を信じて、育てていって欲しいと思います。

ちなみに、違う存在とつながっちゃったらどうしようと不安になる方もいらっしゃいますが、あなたが心をこめて書いた手紙と、背中から出す、龍のエネルギーがあなたをしっかり守ってくれますので、安心してくださいね。

STEP 4

手紙を渡す

守護龍神とつながったら、心の中で最初に書いた手紙を手のひらの上にのせ、さらにそれを光の玉にするイメージをします。物質である紙を光の玉にするということではなく、手紙に書いた「想い」を「光の玉」にするイメージです。

そして、この「想いがこもった光の玉」を守護龍神にお渡しして、天に持っていってもらいます。

この時に「守護龍神さまのお名前を教え

ていただけますか?」もしくは「守護龍神さまを○○とお呼びしていいですか?」と問いかけるのもいいと思います。

私が最初に名前を聞いた時は「テト」と答えてくれました。でもピンとこなくて、自分がしっくりくる呼び名である「竜ちゃん」と呼ばせてもらってました。

数年後、今の旦那さんが気づいたのですが、あいうえお順で考えると、タチツ**テト**、ナニヌネノ、ハヒフヘホ・・・・・・・!!

「ナ」の前は「テト」、何と「ナ」前=名前! それが分かった瞬間、私の頭上でくす玉を割る竜ちゃんが視えて(笑)旦那さんと思いっきり笑いました。

もしその時名前を教えていただけなくても、「もしかしてこの名前で呼んで欲しいのかな?」と思えるようなメッセージやサインを送ってくれるので、楽しみに待っていてくださいね。

守護龍神に名前を付けて呼ぶということは、守護龍神とのスピリチュアルパートナーシップを深めることになるので、ぜひやってみて欲しいです!

STEP 5

守護龍神が天に戻る

自分の守護龍神とつながることができて、お手紙も渡すことができたら、守護龍神は天に戻ります。

その時、再び手を合わせて、「守護龍神さま（名前を教えていただいた方はその名前を呼ぶ）、ありがとうございました。またよろしくお願いします」とご挨拶をしましょう。守護龍神が自分の背中から出ている光の柱に沿って天に上がっていき、そのあと光の柱はすっと自分の中に戻ります。これも感じる・感じない、視える・視えないは気にせず、「つながってくださり、ありがとうございました」という感謝の気持ちで終わらせることができれば大丈夫です。

これで守護龍神とつながり直す瞑想は終わりです。

守護龍神とのつながり方

自分が心地よく感じる場所で、
背中から天に向かって
光の柱をたてます

柱を目印に、
天から守護龍神が旋回しながら
降りてきます

あなたの身体をエネルギーで包み、
一体感を残しながら、
ぐるっと地球全体を回り込んで、
再びあなたの顔の前に現れます

光の柱に沿って、天に戻っていきます

守護龍神とつながって会話をする方法（2回目以降）

守護龍神とつながり直す瞑想はいかがでしたか？

これからさらに一歩進んで、守護龍神と会話をしていきましょう。2回目からはお手紙はなくても大丈夫です。会話をしたいと思ったら、まずSTEP1からSTEP3まで同じ方法で守護龍神とつながります。

その後は、できればノートとペンを用意して、質問する内容をノートに書いたり、心に思い浮かべたりしてみましょう。

守護龍神の返事は**言葉ではなくエネルギーのような形で降りてくるので、そのエネルギーから感じることを言葉にする必要があります**。その言葉に変換するやりとりを通して、会話をしていくことになります。

そして会話を終了したら、最後はSTEP5と同じ方法で守護龍神が戻ります。

この時気をつけていただきたいのが、質問や相談などの内容についてです。

せっかく自分の守護龍神と会えたのですから、たくさん聞きたいことがあるかと思いますが、**最初はスピリチュアルパートナーシップを深めていくためのキャッチボールを行う期間だと考えましょう。**

守護龍神に聞くことも、たわいもないような、日々のちょっとした内容から始めるとよいと思います。

例えば、

「今日の夕飯何がいいかな。肉がいいでしょうか？　魚がいいでしょうか？」

「今日買う花は、バラとガーベラとどちらがより良いでしょうか？」

というような、**外れてもいいような内容で試していきましょう。**


ずっと悩んでいたことをすぐに聞きたい！

苦しい人間関係を守護龍神と解決したい！

その気持ちはよく分かります。

しかし、はじめから何十年も悩んでいるようなことや、恨みや憎しみなどの重たい質問は避けた方がいいです。

なぜなら、守護龍神とのスピリチュアルパートナーシップが深くなる前だと、自分で質問しながらも、

「今までずっと悩んできて解決しないのだから、無理だろう」

「簡単に解決しちゃダメなはず」

という思い込みが強く出てしまい、**無意識のうちに自分でストップをかけてしまったり、あなたの周波数もその重たい周波数につられて下がってしまい、守護龍神とつながりにくくなってしまうからです。**

じっくりと向き合い、スピリチュアルパートナーシップが深まってくるまでは、守護龍神からの返事もシンプルなものしか来ません。
この期間は会話のキャッチボールを楽しむ気持ちが大切です。

そして、最も重要なのは、

・無理がない範囲で守護龍神からのメッセージを行動に移すこと

・行動に移して、良いことがあったら、きちんと感謝の言葉を伝えること

相談して、アドバイスをもらって、行動に移して、幸せを受け取って、感謝の言葉「ありがとう」、これが一連の流れになります。

この会話のキャッチボールができれば、守護龍神も「この者はメッセージを伝えるとちゃんと受け取って行動をする、伝えがいのある人間だ」と感じ、スピリチュアルパートナーシップがどんどん育まれていきます。

気をつけたいのは、たわいもない内容のやりとりだから「気のせいかも」と思ったり、軽く考えて行動に移さないでいると、信頼関係は深まりません。

せっかくのチャンスですから、楽しみながら続けて、守護龍神とのスピリチュアルパートナーシップを深めていってくださいね。慣れてくるとつながるまでの時間も短くなりますし、つながる力（信じる力）も高まれば守護龍神のエネルギーをすぐ感じられるようになって、会話もどんどんスムーズになっていくはずです。そして次第に色々な会話ができるようになっていきますよ。

守護龍神とのやりとりをノートに書いてみよう

この本の中でも、すでに何度か「言葉を書き出そう」「ノートに書いてみよう」ということを言ってきましたが、私は守護龍神とメッセージのやりとりをする時には対話をノートに書くことをおすすめしています。

その理由の一つは、**守護龍神と話したいことをノートに書くことで、自分が感じていることや思っていることを客観的に見ることができるから**です。頭の中に留めておくだけでなく、言語化して書くことで自分の感じている根っこの部分に気がつくきっかけになります。

二つ目は、**守護龍神からのメッセージを言語化することで、より守護龍神とつながりやすくなるから**です。

私たちが気がついていないだけで、守護龍神はいつも色々なことについて、私たちにエネルギーで伝えてくれています。その想いをきちんと理解するには、受け取ったエネルギーを自分の持っているボキャブラリーに当てはめていく作業が必要です。それをしない限り、イメージ止まりになってしまい、明確な言葉として受け取りにくい状態になっているんです。

何となく喜んでいる、何となく困っている……それだけだと意思の疎通には物足りないですよね。

この言葉に当てはめていく作業は「守護龍神を知りたい」という姿勢でもあり、つながりたいという意思表示の一つです。

また、やりとりを文字にしておくと、その場では分からなかったことが、あとで読み直すと「こういうことだったんだ！」と分かることもあります。

さらに、文字を通して自分の話している感覚（周波数）と守護龍神が話してくれている感覚（周波数）の違いも、客観的にとらえることができます。

実際にやってみないと、分かっていただけない部分も多いかと思いますので、騙されたと思って、対話をノートに書く、これをぜひ実践してみてください。

自分を見直すためにもノートに書こう

また守護龍神とつながる時以外も、自分を見つめ直すために、思っていることをただ書く、というノートの使い方もおすすめです。

◆出来事にも感情にも良い悪いはなく、全部が大切な人生の経験じゃ

と竜ちゃんが言うように、ネガティブなものを悪いと決めているのは人間でしかありません。

「何で神様や守護龍神はこんなに辛いのに助けてくれないんだろう」と思うかもしれませんが、この辛い体験も、魂からすると「**人間にしか味わえない素晴らしい体験をする機会**」でもあるから、その体験を奪わないために神様や守護龍神はそばで見守っている、ということなんだそうです。

だから私は、辛かったり、嫌な体験は何度もしたくないけれど、どんな感情も人間として体験する貴重な機会だと自分の中でも思い出して理解していけるように、ノートに書いてみるといいなと思っています。

自分の思いを書く時……例えばブラックな思いを吐き出す時は、自分に「全部ブラックなものを出し切っていいよ」と許可して書いてみましょう。嫌な感情やブラックな思いをノートが受け止めてくれるから、重くなっていた周波数も整いやすく、心も落ち着きます。

ネガティブなこと、ブラックな気持ちはよくないというのは、人間が勝手に決めていることだから、別にノートを分ける必要もありません。

守護龍神と対話をするノートに書いてもＯＫです。

「守護龍神とつながれている？」

本当につながれているか、自信のないあなたへ

守護龍神とつながる瞑想ワークをしていくと、よく参加者の皆さんから「守護龍神とつながれているか自信がない」という声が聞かれます。

当たり障りのないことしか言われない気がする。妙に突拍子もないことばかり言われちゃう……。

そして**誰でも「これは本当に守護龍神なの？」「自分の思い込みかも？」とゆらいでしまう時が必ずあります。**守護龍神の性格もさまざま、スピリチュアルパートナーシップを育むスピードもさまざまなので、どうか心配しないでください。

私自身も最初は聞こえてくるメッセージが本当にメッセージなのかなかなか信じられず、何度も疑い、対話を重ねて信じていった経緯もあったし、皆さんにメッセージを伝える時も途中でふと自信を失って立ち止まってしまうこともあったので、**その気持ちがよく分かります。**

私も守護龍神のメッセージを受けるようになってから、その存在を信じざるを得ないような出来事や現象をいくつも体験してきました。それでも最初の頃は、「偶然かもしれない」と信じきれない自分がいたんです。

その中で自分にとってターニングポイントになったメッセージを紹介します。

最初の結婚で離婚が決まって離婚届を出す時のことです。まだ彼のことが好きなこともあり、このまま彼の姓でいるか、旧姓の「田村」に戻すかで悩みながら、離婚届を出す前日から当日の朝までずっと泣いていました。

そんな時に、竜ちゃんから

「名字なんてどっちも同じじゃ。
どうせお主は再婚して田村に戻るぞ」

と言われたんです。

思わず、「え？　そんなのギャグじゃん。田村は旧姓なんだから……そっか、きっと竜ちゃんは私のこと励まそうとして言ってくれたんだ」と笑ってしまって、「そうだね。どっちにしても田村に戻るなら、今は彼のことがまだ好きだという気持ちのままで彼の姓を名乗っておこう」と決めました。

竜ちゃんからの言葉で心がほぐれて、名字はそんなに大変な問題でもないかなと軽く考えられたことで、自分の行動を決めることができたのです。

すると驚いたことに、その8カ月後に田村さんという素敵な男性と出会い、1年後には結婚して竜ちゃんの言う通り「田村に戻る」ことになったのです！

この出来事から、「竜ちゃんの言っていることは本当なんだ、これからもずっと竜ちゃんのことを信じたい、信じよう！」と改めて思うようになり、本当の意味で信じることができるようになりました。**つながれているのか、自信がゆらぐ時は、「信じたい？」と自分に問い、何度も信じ直すことが大切なのです。**

「どの位で会話がスムーズにできるの？」

早く話をしたいと焦るあなたへ

皆さんからよく聞かれる質問に、

「どの位で会話がスムーズにできるようになりますか？」

というものがあります。

私は、この質問に対して、

「私は会話をしたくてたまらなかったので、一日8時間の対話を1カ月間は毎日続け、その後2カ月は毎日4時間ほど続けました。そして、皆さんに守護龍神からのメッセージをきちんと届けられるようになるまでに、１５００通以上のメッセージを無料で希望される方に届けてきました」

と答えています。

今思うと、私も極端ですね（笑）。人によって異なりますが、それでも、その位かかると思ってもらえれば焦らないですむかと思います。

何よりスピードが大事なわけでもなく、自分のペースでスピリチュアルパートナーシップを深く深く育んでいくことが一番だと思います。

お主と共に生きられるのは最高じゃ！

竜ちゃんからの88のメッセージ

ワシからのメッセージを具体的に受け取れないと
感じている者にも分かってもらえるように、
メッセージを残しておるぞ。
8という数字を心に描いてみよ。
下の○を描く時は息を吐き出し、
上の○を描く時は息を吸い込む。
すると、自分の身体に「流れ」が起こるじゃろう。
ワシの仕事はお主らの心や人生に
流れを起こすことじゃ。
88という数字を見たら、
深呼吸を2回ゆったりするように。

HOW TO USE

この章では、竜ちゃんが今まで教えてくれた、励ましの言葉やちょっとクスッとしていただけるメッセージを集めました。人生には雨の日も晴れの日もあるように、私たちには小さなことから大きなことまで、色々な気持ちの変化があります。そんな時の道しるべや心の支えになるような、竜ちゃんの言霊が込められたメッセージです。

何となく読みたい時も、
竜ちゃんに助けを求めたい時も、
あなたが受け取りたいと思った時なら、いつでもそれがベストタイミングです。

最初からじっくり読んでいってもいいし、パッと開いたメッセージから、自分が自覚してなかったけれど実はもやもやしていたことの解決への糸口が見つかることもあります。

おすすめは、

- ✦ 自分の悩んでいることを胸に思い浮かべてその答えが見つかるように少し祈ってから開く。
- ✦ 困っていることや悩んでいることと、これまであなたが頑張ってきた行動を、ノートに書いた上でメッセージを開いてみる。

より竜ちゃんからのメッセージを受け取りやすくなります。

竜ちゃんのメッセージを通して、ポジティブで、自分をもっと好きになれる、素敵な毎日となりますように。

1

願いは叶うぞ

お主は、自分の意見をしっかり持っている人間じゃのう。
こうなりたい、こうしたい、こんな人生を生きたい。
それは素晴らしいことじゃ。
そして、「こうなりたい！」という願いがありながらも
ぐぐっと心にひっかかっていることはないかのう？
それは、お主が叶えられないと思考しているからなのじゃよ。

「自分は叶えられる」と思った瞬間、
その方法は魔法のように目の前に現れるのじゃよ。
そして、行動に移すと、ワシがお主の後押しをするぞ 
ぜひ共に創造しようではないか。

2

毒々しい自分もいいではないか

お主らは、どんなにかわいかろうと、美人だろうと、
み〜んな心の中にブラックな思考を持っているものなんじゃ。
そして、それを外に向けるかどうかは別にして、
自分の中で感じることはどんどんして欲しいんじゃよ。
ブラックなことを思ったり感じたりすると、
嫌なことが起こると勘違いしておる人間もいるが、
そういうわけではなく、
腹の中に溜めてること（いつも思っていること）と
同じ周波数のものが引き合うんじゃ。

例えば、カラオケボックスで「さっさとお前がやれ！」と、
上司への恨みを叫んでみる。
「私にはそんなはしたないことはできませんわ。ほほほ（笑）」
というなら、ノートに感情を書き殴ってみるでもよいぞ。

思い切り吐き出せば、10分くらいでその感情は流れていって、
お主の心はスッキリするんじゃよ。

ブラックな体験もいいもんじゃよ。
人生のスパイス、スパイス、ぱっぱっぱっ！ じゃ！

お主は「いい体験だけ願います！」と思うかもしれんが、
悲しい体験も、嫌な体験も、くそくそムカつく体験も、
すべてが等しく“体験”であり、
それがあるからこそ願いに気づけたり、
喜びとのコントラストを体験することができるんじゃよ。
自分に湧く、いろんな思いを何でも感じさせてやろう。
これをやってみて欲しいのう 

3

自分の想いを大事にするのじゃ

お主は人との調和をとても大事にし、平和を愛し、
人のご縁を取り持つことが得意であるようじゃ。
お主の幼い頃の体験がそうさせたのじゃのう。
そしてお主の中にある、不穏な空気を察知するセンサーが
とても鋭敏に働いておるようじゃが、
人と喧嘩をすることはいけない、
仲の良い人間関係を育むことがいいことだと思っておると、
人の機嫌に左右され、
心が消耗することもあるじゃろう。

自分と相手の想いが食い違ってもいいんじゃよ。
そのまま共存することができると決めておくと、
自分の想いも相手の想いも大事にしながら、
心地よい距離感で関係を育むことができるのじゃ。
お主は相手の想いを汲み取れる優しい人間じゃ 
自分の想いを一番大事にした上で優しさを表現するとよいぞ。
いつも愛しておるぞ。

4

心のカビを大掃除じゃ！

お主はこれまでようやってきたのう。
たくさん努力してきたが、その割にはあまり納得のいく人生に
なっていないな……と、もやっと思っているのう。

お主にとって大切なのは、過去のことを癒すことよりも、
過去のことでジメジメうじうじ悩んでいると、
「心にカビが大発生する」ということを知ることじゃのう。
「か、カビが大発生ですって!? ぎゃ〜!! !!」と
思ったじゃろう？ そうじゃよ〜そうじゃよ〜。
ほれ、お主はもしも布団にカビが生えたらどうするかね？
しっかりと、洗濯したり、布団をお日様の下に干したり、
これまでと違うことをして、風通しをよくしようとするじゃろう？
お主にも、その「よくする」ためのアイデアが必要なのじゃ。
例えば、その過去の出来事が完全に許されて、
もう思い悩む必要がなくなったなら、どんな気持ちになって、
悩んでいた時間を何に使いたいか、考える時間を作るのじゃ。
そして、浮かんだアイデアをやると「決め」て、生きるのじゃよ。
ポイントは「カビ!! ぎゃ〜!! やだ〜!!」と思うことじゃの
ワシには、心もピカピカして笑顔も輝いているお主の姿が
見えているんじゃよ。荒療治じゃよ。わはは。

5

最初の一歩は小さくて大丈夫じゃ

お主は今、幸せじゃが、

何か物足りないなと感じておるのう。

お主の感性は大事にするといいぞ。

日常の中に、

今すぐできる非日常を取り入れて楽しんでみるといいのう。

例えば、風呂に花びらを浮かべてBGMをかけてみるとか、

いつも素通りしている店に入ってみるとか、

髪の分け目を変えてみるとか、小さなことでいいぞ。

お主は何かきっかけがあると、

自分の力で人生を力強く動かしていける力がある。

じゃから、最初の一歩は小さくて大丈夫じゃ 

ふと気になった非日常を、気軽に行動してみておくれ。

いつもそばにおるぞ。

6

もっとホメホメするのじゃよ

お主は自分を喜ばせることを大事にできる人間じゃのう。

何か特別に自分を褒めてやりたい時だけでなく、

常日頃からこまめに自分にご褒美をやれることは、

とっても素晴らしいことなんじゃよ。

なぜなら、お主は生きているだけで

世界の幸せに大きく貢献しておるからじゃ。

お主が人に向けた笑顔で、相手の心が緩み、

その人が家族に優しくし、家族は仕事に精を出せて、

社会がますます豊かになる。

その豊かさを受け取って、また笑顔が溢れてくる……。

小さな優しさや愛が世界を大きく動かしておるのじゃよ。

今まさに、お主は豊かさと愛の循環の中におるのじゃ。

お主の一つひとつの行動の素晴らしさを、

少しは分かってくれたかね？

お主は日々ようやっておる。

自分のことをもっともっとホメホメするのじゃよ。

いつも愛しておるぞ 

7

コケコッコー！と叫ぶのじゃ

お主は、優しさと愛情の深い人間じゃ。
しかし、自分ではあまり自己評価が高くないようじゃのう。
それは何か理由があるのかのう？
過去の失敗か、何か嫌なことがあったのかのう？
お主は自分が思うよりも何千倍も素晴らしいぞ。
自分のことを否定しそうな時は、コケコッコー！ とでも叫んで、
その否定的な声をかき消すことじゃ。
そして、ゆったりと自分の理想や未来を思い描くのじゃよ。
何かね？ そんなバカみたいなこと恥ずかしくてできない！
とでも思っておるじゃろう？
真面目なお主にとって、そんなことをするなんて意味がない！
それよりも反省だ！ と言いたくなるかもしれん。
しかし、コケコッコー！ と素直に実践した人間は、みな、
「恥ずかしかったけど、なんか笑えた！ ちょっとスッキリした。
苦しい時にも笑っていいんだね」って、
いい顔してワシに感謝してくれておるぞ？
お主はどうかね？？？？ 今すぐ幸せになりたくはないかね？

ほれほれ♥せ～の!!

素直に実践したお主に心からのハグハグじゃ！

8

心のエネルギーを満タンにする秘訣じゃ

お主はゆっくり休みをとっているかのう？
身体は動けても、疲れが溜まっていくと心がぎゅっと閉じて、
楽しいはずのことも楽しく感じられなくなったり、
人に対して必要以上に強くあたってしまうんじゃ。
そうして、ますますネガティブな循環に入ってしまった
経験もあるじゃろうから、
今は、その前にストップすることが賢い判断じゃ。

大切なのは、自分を労わることの中でも、
これまで自分が頑張ったことや、のりこえたことに対して、
「よくやったね、いつもありがとう」と、
自分の中の子どもの部分が喜ぶまで声をかけ続けてやること
かもしれんのう。
すると、**心のエネルギーが復活して、**
人間関係などに新たな展開がやってくるじゃろう。
やってみて欲しいのう 

9

楽しみ尽くすんじゃよ

お主は昨日もよう頑張ったのう。
いつも自分にできる精一杯のエネルギーを注いでおるのう。
この世に肉体を持って存在しているお主が疲れるのは、
当然のことなのじゃよ。
疲れることを悪く思ったり、何かが足りないと
不安に思わなくていいんじゃ。

「あ〜もう、サボっちゃお」
そうやって休むことも、周りの人間のためになるんじゃよ。

お主の存在はこの世の宝じゃ。
たくさん笑って、たくさん怒って、たくさん愛して。
目の前の世界を楽しみ尽くすんじゃよ 
そして、ワシからのサプライズも現実に散りばめておるから、
探してみるとよいぞ。雲を眺めて深呼吸するのじゃ。
力を抜いて。さあ、楽しむんじゃぞ！

10

ほめ言葉を
素直に受け取ることが秘訣じゃよ

お主は謙虚じゃのう。

人から褒められても、「そんなことないよ〜」と

少し困った笑顔で照れておるお主がかわいらしいのう。

それはクセのように反射的に出てくる反応じゃろうが、

「私は素晴らしい。そして、あなたも素晴らしいよね〜！」と、

お互いがハッピーになる方法があるんじゃが聞きたいかね？

それはのう、

相手からのほめ言葉を有無を言わせず、

ただ受け取ることじゃ。

受け取るためには、最初から自分は素晴らしいんだと

自覚しておく必要があるじゃろう。

それを自覚するために、「私は素晴らしい」と思うポイントを

100個挙げることじゃ。「100個もないよ〜」と思うかもしれんが、

お主の良い所はワシから見たら10000個はあるぞ！

お主の素晴らしさ、才能を自覚して、

それをこれから世界に向けて表現していくのじゃ。

すると、お主自身も、周りの人間も、ますます豊かになるぞ。

11

お主はのりこえられるぞ

よう、ワシじゃよ。
お主はよくワシの言葉に耳を傾けようと思ったのう。

お主は自分自身のことが好きではないと感じて苦しいのう。
しかし、毎日スマホで誰かの記事を読んだり、学びをしたり、
よく頑張っておる。
その姿勢は、ワシから見ると
「自分が大好きだから何とかしてあげたい！」という
自分への愛に思えるぞ 

ワシのサポートを受ける時に、
まず決めてもらいたいことがあるんじゃ。
それは、「自分で自分を望みの世界に連れていく」
ということじゃ。
守護龍神さまがなんでも叶えてくれるんじゃないの？
と疑問に思ったかもしれんが、
ワシらは、お主の決めたことをサポートするのじゃよ。

だから、お主が号令をかけないことには動き出さないのじゃ。

思い出してみるんじゃよ。苦しかった時のこと。
なぜ、守護龍神がいるのに私を助けてくれなかったの？
と思ったのではないかね？
それは、悲しむ、苦しむということも人間の体験において
素晴らしい機会だからなのじゃよ。
しかし、「もう苦しむのも悩むのもやめて次へ行く！」と決めると、
状況は変わったじゃろう？
そんなふうに、ワシらは人間の体験を奪わず、
共に生きることを大切にしておるのじゃ。

今、お主がどんなふうに自分の人生について感じていても、
お主が決めれば必ず変えていくことができるぞ。
なぜなら、ワシにはにっこり笑う最高の姿が見えておるからじゃ。
お主にもその最高の自分の姿を信じて欲しいのう 

12

自分を喜ばせることが仕事じゃ

お主は人にじわじわっとした喜びを与えられる人間じゃのう。

お主がおるだけで、

どれだけ周りの人間の心を軽くしておることか。

自分自身をただ喜ばせることで、お主の細胞一つひとつが

フルフルと喜び、そのエネルギーが外に広がり、

関わる人を自然と幸せモードに変更させてしまうんじゃよ。

すごい貢献じゃろ？

ワシもお主が大好きじゃ！

フルフルした喜びエネルギーを溢れさせ、周りの人間に与える

ためにも、自身の幸せや喜びを最優先に考えるとよい。

お主が満たされれば満たされるほどに

世界の喜びが膨れ上がるのじゃ。

人のことよりも自分を優先することについて、

罪悪感など一切必要ないぞ。

お主の仕事は自分を喜ばせることじゃ 

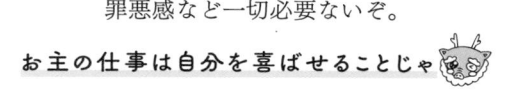

13

頑張るのではなく、緩むのじゃよ

お主は日々の生活を慈しみ、

感謝をして過ごしておるのう。

そして、小さなことで自分を喜ばす術を色々持っておるのう。

おやつを食べたり、時にお昼寝をしたり、

好きな人の動画を見たり。

そうやってお主が自分の心を少しずつ満たしてきたお陰で、

家族も元気に楽しく過ごせておるんじゃよ。

お主はようやっておる。

これ以上頑張らないといけないことなんてないんじゃよ。

むしろ、もっと緩んで緩んで、

自分のやってきたことを褒めてやって欲しいのう。

お主はさらに幸せになってよい。

豊かさを受け取ってよい。

その時のポイントは、頑張るではなく、緩む、じゃ。

いつも愛しておるぞ。

14

本当の気持ちにOKを出すのじゃ

お主は日々、自分を幸せにするためにようやっておるのう。
その場の空気を乱さないよう、
周りの人間と心地よい関係を築けるよう、
心を配っておるのう。
そして、気を使い過ぎて疲れてしまうこともあるのう。
お主にとって大切なのは、人に甘えることじゃよ。
本当は、周りに与えることよりも、
お姫様のように与えてもらいたいのではないかね？
そんなワガママに「思える」気持ちも、
受け止めて自分にOKを出すと、
何か与えられた時に罪悪感ではなく、
喜びとして受け取れるようになるんじゃ。
するとますます人から与えられる存在になっていくのじゃよ。

お主は本当の本当の願いを、自分に優しく聞いてみるとよい。
お主が心底信じておることが叶うぞ 
これは不変の真理なのじゃ。

15

すべてが愛なのじゃよ

お主は周りの人間のために日々、力を尽くしておるのう。
相手を見定めるのではなく、
自分が周りとどう調和し、どう行動するのが正しいか、
という視点で物事を考えるクセがないかね？
じゃが、間違いを同時に創造してしまうことも知っているから、
間違いを犯さないように、とても気を使って
疲れてしまうこともあるかもしれんのう。

そんな時は、すべての細胞が愛でできておることを
イメージして欲しいのじゃ。
つまり、**お主のすべては、愛じゃ。**
考えることも、行動も、自分や周りの人間への愛そのもの。
そう考えると、何を選択しても愛じゃし、
何を選択しても間違いというものがないのじゃ。
これは真実なのじゃよ 
すべてが愛だとしたら、どれを選んでもいいとしたら、
お主は何を選択したいかね？

お主は、周りの人間のために、毎日ようやっておる。
お主はもう少し、お主個人の幸せを叶えてもよいのじゃよ。

16

これまでの人生に誇りを持つのじゃ

お主は折に触れてワシらに話しかけてくれておるのう。
その想いは届いておるぞ。
お主は今、今後の人生において
方向転換をする時期に来ておるのかもしれんのう。
今までやってきたことを集大成し、
お主だけの独創的な道を創造する時じゃ。
そしてそれは、お主がこれまでの人生に誇りを持つことが
とても大切じゃのう。

いろんな経験をし、様々な感情を味わい、
より好みの自分で在るために、本当によく頑張ってきたのう。
それらを一つひとつ、思い返してみるといいのう。

お主が世界に与えられるものはたくさんあるぞ。
存分に与え、そして存分に受け取るのじゃよ。
いつも見守っておるぞ。

17

痛い部分には手当てをするのじゃよ

お主は肩や膝など特定の部分に痛みはないかのう？
もし出てきた時は、「手当て」を試してみて欲しいのじゃ。
治療を受ける前に、「いつもありがとう」と、
小さな赤ん坊の頭を撫でるような気持ちで
身体に触れてみて欲しいんじゃよ。
お主と身体がますます仲良くなるための秘訣じゃ。

仲良くなると、疲れた時や不調になる少し前に出ている
身体のサインにも早く気づけるようになって、
これまで以上に心も身体もエネルギッシュに動けたり、
自分の本音や心からの願いに気づきやすくなったり
いいことずくめなんじゃよ。

何よりも、温かさや少しピリピリとした感じなどで
ワシの存在を体感できるようになるんじゃ！
素晴らしいことだと思わんかね？ 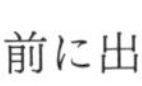

18

自分はどうしたいかを
まず考えるのじゃよ

お主は賢いのう。頭の良さと、内面の良さと、どちらもあって、

こりゃ敵わんのう

お主にとって大切なのは、「自分はどうしたいのか？」を

どんな時も最初に考える習慣をつけることじゃのう。

なぜなら、**お主がどうしたいのか？　が分からないと、**

ワシらは何も応援をすることができぬからなのじゃ。

周りがこうだから、相手がこうだから……

その思いやる力はそのまま大切にするとよい。

じゃがその前に、自分はどうしたいかを、

まず考えるクセをつけるんじゃよ。

お主の思いと周りへの

「こうしたらいい」がずれることもあるじゃろうが、

ワシは時間差はあっても、必ず良い方向へ向けるからのう。

恐れず、心のままにやってみるんじゃよ。

19

実践のタイミングじゃよ

お主は、ワシのことをより知りたいと
心を向けてくれておるのう。
とてもうれしいことじゃ。
そして、最近はちとワシへの要望が多すぎるようじゃ。
要望ばかり増えると、叶っていないことばかりが増えて
嫌な気持ちになってしまうじゃろう？

そこで提案じゃ。
人間ができることは人間がする
見えない世界のことはワシがする

どうかね？
こんなふうに割合を半分こして、一緒に叶えていかぬかね？
さて、お主は願う以外に何を行動してくれるかね？
紙に書いて、日付も書いて行動じゃ！
お主の勇気を見守っておるぞ！

20

思い出に引きずられるのではなく、カバンに入れて持つように生きるのじゃよ

お主は笑顔が最高じゃのう 

周りを幸せに巻き込んでしまうパワーがあるのう。

そして、人との思い出を大切にする人間じゃ。

例えば、楽しかった会話や相手が笑ってくれた瞬間を

何度も思い出してみたり、反対に、自分が言いすぎたこと、

的外れな質問をしたことを何度も思い出して悔やんだりと、

帰りの電車でも、風呂の中でも思い出すことに忙しいのう。

それには、色々と思い出しては何度も感謝できる良い面と、

いつまでも嫌な思い出を引きずってしまう悪い面があるのう。

お主が、もう先に進んでよいと思っていることがあれば、

思い出に引きずられず、その思い出の良い所と、

学びになった所だけを心のカバンに入れて持ちながら

進むとよいのう。

世界は、お主の笑顔や最高の幸せを

いつも望んでいるのじゃ。

応援しておるぞ。

21

相手の力を信じるのじゃよ

お主は人の心や身体の緊張をほぐし、
素材の美しさを引き立たせることができる人間じゃのう。
静かに静かに冬の大地に埋まる堅い種が、
春に向けて柔らかくたくましく芽吹いていくように、
お主に関わると人は心からほぐれ、細胞が緩み、
見た目も不思議と変わっていくことじゃろう。

お主にとって大切なのは、
自分に力があるという確信よりも、
相手に無限の力があると信じることじゃのう。
素敵に変化をとげる相手に、
この世界の無限の可能性を感じて、
自分にも同じ力があるのかもしれないと、
新しい気づきとパワーを受け取ることができるのじゃ。
その結果、自分の力も自然と信じられるようになるのじゃよ。
相手の素晴らしさを引き出し、
自分の力も信じることができるとは、
素晴らしいことだとは思わぬかね？
お主ならできるぞ。ゴーゴーゴーじゃ！

22

本当の本当の願いは何じゃ？

お主は自分の想いを相手が受け取りやすいような
言葉で表現し、伝えることができるんじゃのう。
自分自身や周りの人への愛があるからこそ、できることじゃ。
温かい人間じゃのう 

だが、お主は何か自分の力を制限している所があるようじゃ。
もっと豊かになりたいと言いながらも、
あの人は特別だからあんなに豊かな生活をしているんだと
思っている所はないかね？
お主の力をナメるでないぞ。
お主はお主の世界のすべてを創造しておる創造主じゃ。
自由に人生を描いて体験していいのじゃよ。
本当の本当の願いは何じゃ？　それを叶えると決めて、
それに向けて今できることを行動していれば、
お主は何だって叶えられるのじゃよ。
ワシに願いを教えておくれ。
力強くサポートするからのう。

23

お主の存在はこの世の宝じゃ

お主は日々、ていねいな暮らしをしておるのう。
季節の移ろいを楽しみ、生活に取り入れたり、
自分の心地よさを大事にして、
そのために環境を整えることも、
当たり前のようにこなしておる。
ワシもお主のそばにおって心地よいぞ 

お主は日常の当たり前にある物にも、
「ありがたい、ありがたい」と感謝をしながら過ごしておるのう。
そのポカポカとした温かい心は、お主の周りの人間に伝わり、
そしてその周りの人間へと世界中に伝わっておるのじゃよ。

お主の存在はこの世の宝じゃ。
お主は**自分の喜びにまっすぐ手を伸ばすのじゃよ。**
いつも見守っておるぞ。

24

自分を卑下するでないぞ

お主が心と自分を信じる気持ちを大切にして

日々生きていることを知っておるぞ。

お主のことをよく知らない周りからの誤解があっても、

自分の好きを大切にする姿勢は素晴らしいのう。

お主は、これから何になっていきたいと思っておるかのう？

ほれほれ、恥ずかしがっていないで、

ドーンと言ってみんかい！

なになに？

ふむふむ！

それは……可能じゃよ 

お主が諦めたり、自分を卑下しなければ……のう！

ワシはいつも応援しておるぞ。

ますますハッピーを配っておくれ。

25

大丈夫、大丈夫じゃよ

お主は優しい人間じゃのう。

自分のことよりも相手を想う気持ちの方が大きいんじゃのう。

「人よりもまず自分を大事にしよう」という言葉を聞いても、

その感覚がよく分からないかもしれんが、大丈夫じゃ。

人の幸せをそれだけ願えるお主じゃから、

一つのきっかけで自分のことも深い愛で包み込み、

あらゆる側面を癒していける力がお主にはあるぞ。

お主は大海原を漂う一隻の船のようじゃ。

一人ぼっちで心細く思う時もあるかもしれんが、

母なる地球に抱かれておることを感じてみるのじゃよ。

大丈夫。大丈夫じゃよ 

ワシはいつもそばにおる。いつでも話しかけておくれ。

力になるからのう。

26

楽しい努力をしてみんかね？

お主は日頃から自分の心の動きにとても興味を持って
観察しておるようじゃ。そして、他人のことには寛容じゃが、
自分のことには厳しい所があるようじゃな？
それは自身を向上させていく上で役に立ってきたようじゃ。
じゃがな、自分に優しくすることでさらに向上していけることを
知っておったかね？

今日、自分ができたどんな小さなことでもホメホメした上で、
さらにこうなりたいと願いを放ち行動することで、
満たされながら楽しい努力をしていけるんじゃよ。
これまで自分をよく見つめてきた愛あるお主じゃからこそ、
ワシはお主にますます喜びの人生を生きて欲しいんじゃよ 
今ここから、新たな気持ちで共に創造を始めよう。
いつもそばにおるぞ。

27

そのまま作戦でいくとよいぞ

お主はこのままの自分で生かされているという

深い安心を感じながら日々を過ごしておるのう。

何か不安に思ったり、悩んでおる時には思い出すとよい。

お主はただただ、

この世のすべてから愛されておる存在なのじゃ 

何も学ばなくてもよい。何も変える必要はない。

お主はそのままで存在し、この世の体験を味わうとよいぞ。

その上で、お主が自由に人生を創造していくのじゃよ。

すると「自分に生まれてきて本当によかったな」と、

自分の存在や人生を肯定できるような

温かな現実がやってくることじゃろう。

どうかね？

「そのまま作戦」ワクワクするじゃろう 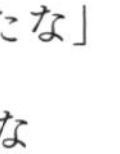

いつも見守っておるぞ。

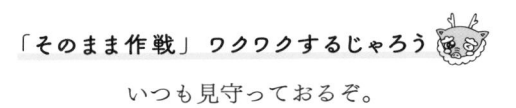

28

ワシはお主のそばにおるぞ、これまでも、これからも

よう、ワシじゃ。お主はいつもハツラツとしていて
良いエネルギーを周りに与えておるのう。
お主に会える人間はラッキーじゃのう。
さて、お主は守護龍神という存在を知り、
とてもワクワクしておるのう。
しかし、自分には見えないし聞こえないし、
そのような特別な能力なんてないから、
何もメッセージは受け取れない……と残念に思っておるのう。
ノンノンノン、お主は何か勘違いをしておるのう。
ワシからのメッセージは能力のある者ではなく、
「自分の人生を生きよう！」と決めて
動き出した者に届けられるのじゃよ。

お主は今、行ってみたい所はあるかね？
行きたいけどめんどくさいとか、お金がウンタラカンタラとか、
彼氏ができたら……などと、
言い訳して行ってない場所があるじゃろ？

試しに、今すぐ行く！　と本気で決めて、

日程を確保してみて欲しいのじゃ。

すると、今は難しいと思っていることも、

なぜか会社で休みが簡単に取れたり、臨時収入が入ったり、

子どもをみているよ～と旦那が言ってくれたり……

不思議に感じることが起こるものなのじゃ。

この不思議とスムーズな流れが起きている時は、

まさにワシからのサポートが入っているということなのじゃよ。

すると気づくじゃろう。

自分の人生に流れ（ワシからのサポート）があった時は、

いつも自分で「決めていた」ことから始まり、

かすかな感覚を採用し行動し続けていたということに。

最初はかすかな感覚じゃ。

本の一節や、友人からの言葉から伝わるように届けておるが、

気づかないこともあるのう。

しかし、宝探しのように楽しんでみておくれ。

ワシはいつもお主にメッセージを届けておるのじゃ 

29

逃げてもいいんじゃよ

よう、ワシじゃよ。お主はよう頑張っておるのう。

期待に応えたい、喜んでもらいたい、喜び合いたい。

そんな、キラキラした願いを感じるのう。

そして、お主は今、自分の心が空っぽになったような感覚になっておるかもしれん。

そんな時は、「寝る」んじゃよ 

寝坊するんじゃよ。そこから逃げてもいいんじゃよ。

「できなーい！」って、駄々こねてもいいんじゃよ。

ワシはお主を罰したりせんし、

お主がまた、ニコニコ笑えるようにそばにおる。

お主は何をしても愛される存在であること。

思い出して欲しいのじゃよ。

30

短歌の名人、ここに爆誕じゃ！

いつも周りを大切にし、気にかけることのできるお主に
感謝しておるぞ。そして、自分のことも愛おしく、
楽しい人生にしようと前向きな姿勢でいるのう。
素晴らしいことじゃ 

ますます楽しく、そして素晴らしくなるためには、
ちょっとした秘訣があるんじゃ。
例えば、許せない、気が合わない人へのブラックな思いは
溜め込んで苦しまず、楽しくカラリと悪口で一首読むとよいぞ。

「オニババア～、余計な一言うっさいわ～、
小指ぶつけて、苦しみたもうれ～」
「足臭い～、何をしてても足くさい～、
足が臭くて、何もできない～」

ただし、そこだけの時間で、家に持ち帰らないことが大切じゃ。
毒々しい自分もOK！ これが開運のポイントじゃよ。

31

不安を感じて生きるも一生、安心して生きるも一生

これまで一生懸命、
仕事や自分の役割をまっとうしてきたお主は、
今ここで一旦役割から離れ、自分のこれからを感じ、
「このままでいいのだろうか？」と不安を抱えておるようじゃ。

「いつまで働けるかしら？ お金はなくならないかしら？
ここまできちゃったけど、この人生で合っているかしら？
未知なる問題とかが起きないかしら？」

もしも、言葉にならない漠然とした不安が湧いてきたら、
自分の胸に手をあてて、「何が不安なのかな？」と、
優しく自分に問いかけてみて言葉にすることじゃ。

具体的になるほどに、じゃあ、これはどうしたらいいかな？
と考えることができるじゃろう。

そして、ワシからアドバイスしたいのは、
今考えても仕方のないことは、「起きてから考えよう！」と、
「起きたら考えるボックス」に入れてしまうということじゃのう。
起きてから考えても、案外なんとかなるものじゃよ。

それに、お主にはワシがおる。
お主が未来の不安よりも、
今与えられている住まいや人との出会い、
命に意識を向けてホッとしておいてくれたら、
ますます安心を届けてやるぞ。

不安を感じて生きるも一生、安心して生きるも一生。

同じ一生なら、お主はどちらを選ぶかね？
お主は決めることができるんじゃよ 

32

自分を大事に扱うのじゃよ

お主はとてもユーモアのある表現で
人の心を和ませることのできる人間じゃのう。
見た目からは想像できないそのギャップが、
周りの人間の心を鷲摑みにしておるようじゃ。
ワシと同じじゃのう 

しかし何だか、それを笑われているようで、
馬鹿にされているように感じる所があるのかもしれん。
お主にとって大切なのは、まずお主自身が自分のことを
大事に扱うことじゃのう。
そして、自分に湧いてくるいかなる感情にも、
自分だけは否定せず、全力で共感してやることじゃ。

自分への愛を育んでおると、ある時周りの人間からの視線が
愛に変わったと気づく瞬間があるじゃろう。
それは周りの人間が変わったのではなく、
お主の心が変わったからじゃ。
目に見える世界はすべて、お主の内側を投影したものじゃ。
じゃから、気にするべきは自分自身の心のあり方だけなのじゃよ。
いつも愛しておるぞ。

33

右から左へ受け流すのじゃ

お主は才能に溢れておるのう。

人を愛し、それを行動で表現できて、

より世界が愛で溢れるよう、

お主なりの方法を本気で考えておるんじゃのう。

素晴らしいのう。

しかし、周りの人から

「中身は大したことない」「もっと頑張っている人はいる」と

陰口をささやかれ、傷ついているかもしれんのう。

お主にとって大切なのは、

言いたいことは言わせておくことじゃ。

何の反応もせず、

自分の注ぎたい所にただ、エネルギーを注ぐだけじゃ。

その強さをお主は持っておるぞ。

その姿を見て、いらんことを言う人間はおらんようになる。

ワシはお主を応援しておる 

このことは、いつも心に持っておいて欲しいのう。

34

探すのではなく決めるのじゃよ

お主は魂を磨くことにとても興味があるんじゃのう。

自分にとってより良いものを、

これまでずっとアップデートしてきておる。

なのに、なかなか見つからないと思っておるのかもしれん。

お主にとって大切なのは、探すのではなく、

“決める”ということじゃ。

お主の感覚がピン！ときたものを、

「これだ！守護龍神さまからのインスピレーションだ！」と、

自分にとって最適なものだと決めて取り入れると、

受け取れる効果が変わってくるんじゃよ。

どれが自分に合うか、というよりも、

どれなら自分はその効果を信じられるか、が肝なんじゃ。

ますます美しくなる自分をイメージしながら、

確信を持って行動するのじゃ。

お主の瞳もキラン！　と輝きだすぞ。

35

実はワシが試しているのじゃよ

お主は仲間とワイワイ楽しむのが好きなんじゃのう。

そして、一人でじっくり自分と向き合う時間も大切にしておる。

そのバランスがとても心地よいのう

お主は自分のことを
意志が弱い人間だと思っておるのかもしれんが、
そんなことはない。
とても意志が強く、全力で自分を幸せにしておるのじゃよ。
いかなる選択も、一つのことを続けられない自分も、
周りに流されることも、お主のすべての行動は
お主を幸せにするための愛からくる行動なのじゃ。

「頼まれごとは試されごと」というのを聞いたことはあるかね？
その、試しているのはワシじゃよ。ワシ♪
ワシは、いろんな所で
お主のすべてを応援しておるのじゃよ。

36

自分に甘く優しくじゃよ

お主は自分の深い愛を

周りの人間に惜しみなく与えられる人間じゃのう。

慌ただしく過ぎていく毎日に、疲れることもあるじゃろうが、

お主はそれでも愛することを止めない尊い人間じゃ。

もう少し周りの人間に甘えてもよいのじゃよ。

お主が日々ようやっておるのはみんな分かっておる。

まだ限界ではないから、もっと頑張っている人はいるからと、

誰かと比べなくていいんじゃよ。

お主が安心し、喜びで満たされることで、

その後の行動一つで何倍もの愛を伝えることができるのじゃ。

こんなにハッピーで効率的なことはないじゃろう

自分に甘く、優しく……これを心がけるのじゃよ。

いつも見守っておるぞ。

37

お主のままで愛されておるぞ

お主は人が好きなんじゃのう。

人と楽しい時間を共に過ごすこと、人の笑顔を見ることに、

とても喜びや安心を感じておるのう。

お主の周りには笑顔が溢れておるが、

心のどこかで、孤独感を感じておるのかもしれん。

大切なのは、周りの者は、その寂しがり屋な所も含めて、

お主を愛しておるということじゃ。

じゃから、人に尽くすために頑張って自分を作らなくてよいし、

柔らかい本心を誰かの価値観で着飾らなくていいのじゃよ。

お主はもうすでに、お主のままで愛されておる。

それを自分の心で受け止められた時、

お主は周りの人間の後押しを受け、

望む世界にグイッと力強く進んでいくことができるのじゃ。

これから、ますますその笑顔の輪を広げていくことになるぞ。

お主は人からも見えない存在たちからも愛され上手じゃから、

大丈夫じゃよ 

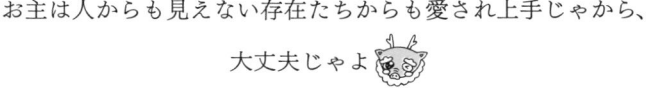

38

内なる自分に教えてやるのじゃ

お主は内なる自分＝神からとても愛され、
大切にされている存在なのじゃよ。
こう在りたいと思う自分があるのなら、その内なる自分に、
自分にとっての幸せを教えてやるといいのう。

「こんな世界を体験してみたいんだ。
それにはこういう大変なこともあるかもしれない。
それでも私は、自分の力を信じてみたい。
こんな幸せが待っているんだよ」
と、優しく子どもに語りかけるように
自分を導いてやれるといいのう。

お主の思考と心が一致した時、
莫大な力がお主の中から湧いてくる。
そして、風に背中を押されるように、
するすると人生が展開されていくじゃろう。
ワシもサポートするからのう。

39

自分を責めるでないぞ

お主は穏やかで、柔らかいエネルギーを
周りに与えられる人間じゃのう。
周りの人間は、お主のその波長に触れ、
深い部分でとても癒しが起こっておるようじゃ。
それは、一時的なものではなく、
相手のベースとなる周波数自体を整えておる。
お主の存在はこの世の宝じゃ 

そして、「もっと人の役に立ちたい、そのために頑張る！」と
行動しておるのかもしれんのう。
その時に大切なのは、自分の目標に到達できないこと、
行動を続けられない自分を責めないということじゃのう。
お主は今のままで充分、人を幸せにしておるのじゃよ。
その上で、さらに自分の才能を開かせたい、
その自分を見てみたいと、100点満点で120点の今から、
130点を目指すような気持ちで取り組めるといいのう。
いつも見守っておるぞ。

40

この世界はすべてが完璧じゃ

お主は周りの人間に対して「大丈夫だよ～！」と、
パッと明るいエネルギーで背中を押せる人間じゃのう。
お主がきっかけとなり、相手の前へ進む力となっておる。
素晴らしい貢献をしておるのう 

お主はこれから、ますますその影響力を広げ、
多くの人間の喜びに関わりたいと思っておるのかね？
大切なのは、いくら苦しそうにしておる相手であっても、
相手を変えてあげようとする必要はなく、
ただ相手を信じ、相手の人生に寄り添える喜びを
存分に味わうことを意識することじゃのう。

この世界はすべてが完璧じゃ。
魂が体験する自由を体現していって欲しいのう 
いつも見守っておるぞ。

41

お主の喜ぶ顔が見たいんじゃよ

ワシはお主のはつらつとした笑顔に
いつも惚れ惚れしておるぞ。
お主のその姿は周りの人間にとても力を与えておるのう。
お主を慕う人間がたくさんおるようじゃ。

お主は今、日々追われるように過ごしておるが、
自分だけのゆったりとした喜びで満たされる時間は
持てておるかね？
お主の人に与えるあり方は、とても素晴らしく国宝ものじゃが、
与えるためには自分がまず満たされることじゃのう。
お主にとって少し勇気がいるようなご褒美を、
たまには自分に与えてやってもいいのじゃよ。
お主はようやっておる。
自分にも与えていいと自分が許可できると、
周りの人間は喜んでお主に与えたくなるものじゃ。

お主の喜ぶ顔が見たいんじゃよ。

ワシからも、ハグハグじゃ〜 

42

叶っていいと許可するのじゃ

お主は日々自分への愛を積み上げておるのう。

とても温かい柔らかなエネルギーを放ち、

周りの人間を優しく包んでおるのう。

ワシも共にいて心地よいぞ 

お主は、人の顔色や世間の目を気にする所があるのう。

そして、自分の願いを隠す所があるのかもしれん。

お主にとって大切なのは、お主の心がぎゅっとなる時、

それは何か不要な思い込みを持っている合図だ

という視点を持つことじゃのう。

お主の世界はお主が創り上げておる。

自分の好きなように、いくらでも創り直せるのじゃよ。

お主には、その自分の中にある力を思い出して欲しいのじゃよ。

どんな願いも、叶っていいと自分が許可すれば叶えられる。

いつもこの視点に立ち戻ってほしいのう。

ワシも力になるからのう。

43

ワシとのコミュニケーションを楽しんでみんかね？

お主は楽しいことが大好きじゃのう

何か楽しみな予定があると、

それについてずっと考えてワクワクしていたり、

「あ！　もうこんな時間！」と時間もワープしておるようじゃ。

ワシもお主のそばにおるとルンルンしてくるのう。

お主は晩ご飯のメニューに毎日困っておるのかね？

困った時は、スーパーでワシに話しかけておくれ。

「ねえ、晩ご飯何がいいかな？」と。

そうしたらワシはお主の目に止まるように、

食材の存在感を浮き立たせたり、

お主にインスピレーションを与えたりするからのう。

そうやって、ワシとのコミュニケーションを楽しんでみんかね？

ワシはいつもお主のそばにおる。

お主の力になりたいと思っておるんじゃよ。

ぜひ、話しかけてみて欲しいのう。

44

必要な体験しかしておらんぞ

お主は人の話を素直に受け取り、
自分に活かしていくことができる人間じゃのう。
その素直さのお陰で、
より良い自分に向けて行動を変えることができ、
こうしてワシとも話ができておるんじゃのう。
素晴らしいことじゃ。

しかし自分では、周りに流されているとか、
自分に軸がない、ととらえておる所もあるのかもしれん。

お主はお主に必要な体験しかしておらんのじゃよ。
その流れに身を委ね、
自分の人生を信頼して目の前の体験を味わうとよいぞ。
いつも見守っておるぞ 

45

お主の喜びが最優先じゃよ

お主は人の才能を見抜く力があるのう。
人間にはあらゆる側面があるが、その中から
キラリと光る個性を相手の中に見出すことができておる。
時に、相手にとってはコンプレックスだと思っておる部分
でもあるが、光に転換してやれるお主は素晴らしいぞ 

そして、お主自身はどうかね？
これまで周りの人間のために尽くしてきたお主じゃ。
そろそろ自身の喜びを最優先に考えても
よい頃ではないかのう。
お主が人生を楽しみ、イキイキと過ごしている様子を見て、
周りの人間はその姿から学ぶことができるんじゃよ。
人のお役に立つことも、様々な方法があるんじゃ。
今後は、自分を喜びで満たすことで周りの人間に気づきを与え、
相手の背中を押す方法で人の役に立ってみてはどうかのう。
ワシも張り切ってサポートするからのう。

46

自分の内側に答えがあるのじゃ

よう、ワシじゃ、ワシの話を聞こうとは、
お主はなんてセンスの良い人間なのじゃ。
お主は、見えない世界にとても興味があるようじゃの。
様々な所で学んできてくれたことをうれしく思うぞ。
試して欲しいのじゃが、そこで学んだことについて
「自分はどう感じたか？ なぜそう思うのか？」を書いていくと、
もっと理解が深まるぞ。

お主に伝えたいのは、「外に答えはない」ということじゃ。
きっかけはあるんじゃが、**答えは自分の内側が持っておる。**
外での学びを、自分の内側で聞き直すことが必要なんじゃよ。
それが、自分とつながり、ワシらと共に生きるポイントじゃ。

ますますワシらと仲良くなりたいと思ってくれるはずじゃ。
ぜひやってみて欲しいのう。自分の力を信じるきっかけになり、
ますます人生が好転していくぞ。
もちろんワシと共に、じゃ 

47

その悲しみを持ち続けなくても いいのじゃよ

ワシはお主に出会えてとてもうれしく思うぞ。

お主は、人を大切にできる素晴らしい温かさを持っておるのう。

それゆえにお主が愛せなかった人や、守れなかった人、

傷つけてしまった人のことも、長く長く心に残ってしまい、

自分が苦しく感じることもあるのう。

それは、辛くて苦しいものじゃ。

お主の中の光は、この闇を受け入れているからこそ

輝いておるのじゃが、どうじゃ、

ワシと一緒に、その悲しみや苦しみを両手にのっけて、

宇宙にふわっと還してみんかのう?

お主は気づくはずじゃ。悲しみを持っておらぬとも、

人を大切にできるということに。

ワシはお主の優しさがこれからも多くの人の喜びに貢献すると

知っておるぞ。

これからもワシに話しかけるがよいぞ。

いつも愛しておるぞ。

48

どんな感情も感じていいのじゃよ

お主は自分に素直で、とても謙虚に生きようとしておるのう。

しかし、どうしても暴れるような子どもの気持ちが湧く時が

あるのかもしれん。

それはまさに聞かん坊で、

自分でも止められないような感じがしてしまうが、

そのことに思い悩むことはないぞ。

そんな時は、「そんな気持ちになる時もあるよね〜」と、

自分で受け止めることじゃ。

この世界に感じてはいけない感情などないのじゃよ。

すべてが体験じゃ。

だから、情けなさや、怒りや悲しみなども、

「感じていいよ」と優しく寄り添ってみて欲しいのじゃよ。

ワシもそばにいるぞ 

49

安心して踏み出すとよいぞ

お主は自分の中にいる神と深くつながっておるようじゃ。

見守られている安心感の中で、
日々の生活に感謝をして過ごしてきたのではないかのう。
お主の温かいエネルギーが世界へと広がっておるのう。

お主は神とつながっておることをますます自覚することで、
不安や悩みが爪の先ほどに感じられるようになるじゃろう。

お主は安心してやりたいことに踏み出すとよい。
やると決めることで、金や人、環境が整うのじゃ。
ワシもサポートするからのう。

50

愛のタンクを満タンにするのじゃよ

お主は親と仲良しかのう？
もしくは、良い思い出を持っておるかのう？
親との思い出の中で、うれしかったことや感謝していること、
愛を感じたこと。
こうしたことを思い出していくと、
どんどん愛のタンクがいっぱいになって、
現実でも「ありがとう」と言いたくなるような
出来事を引き起こすのじゃよ。

「私には感謝できる記憶なんてない」と言うかもしれんが、
今こうしてワシと出会えているのは、
お主を今日まで生かしてくれた誰かがいたからじゃ。
どんな体験にしろ、自分は不幸だと思い続ける限り
人生は変化していくことはないのじゃよ。
もしもお主が、小さかった頃の写真を見て、
「そういえばお母さんとお子様ランチを食べに行った時は
うれしかったな」と思い出し、

その時の喜びを少し感じる時間を作ってくれたなら、
お主から発せられるエネルギーは、
幸せ・喜びに変化することができるのじゃ。

「写真などない、見たくない」と言う人間は、
まずはこれまで生きてきたお主へ、
ワシから感謝とハグハグを送るぞ。

これまでよう頑張ってきたのう。

その上で、「自分はよく頑張ってきた」と、
自分のこれまでの生きてきた道のりをゆっくりと振り返って、
労る時間を持つことで愛のタンクが満ちてくるぞ。

やってみてくれるかのう？
いろんなことがあっても生きているお主にハグハグじゃ！

51

お主の幸せが周りの幸せじゃ

お主は目標に向かって、まっすぐ行動する強さがあるのう。
必ず叶えるんだというその想いは素晴らしい。
そして、その強さを前面に出すのではなく、
周りの人間への心遣いや調和をとても大事にし、
周りの者をお主のファンにして、人を巻き込む力もあるのう。

お主は本来、皆から愛され、大事にされる姫のような存在じゃ。
じゃから、もっと他人の才能に頼ったり、
お主の喜びのために力を貸してもらってもいいのじゃよ

お主は「ありがとう。お陰で幸せです」と、
喜びの感情をしっかり感じ、
表現しておればよいぞ。
お主の幸せが周りの人間の幸せじゃ。
そろそろ思い出して欲しいのう。

52

自分が輝くことに覚悟を持つのじゃ

お主は、美的センスの高い人間じゃのう。

そして、最近はあまりその才能を発揮できていない感じがしておるかもしれんのう。

お主にとって大切なのは、自ら輝くという覚悟を持つことじゃ。

覚悟を持つということは、勇気を持って「こうしたらどう？」と意見を言うとか、自分の中でずっとやってみたかったものを行動して形にする、ということじゃ。

周りはすぐにはお主の才能に気づかないかもしれぬが、お主が魂の願いのために行動したという事実は残るじゃろう？

その時の自分への信頼感が、ますます自信となって、お主がピカピカ輝き、未来も輝いていくのじゃ。


お主は素敵じゃ、それにセンスも良い。

じゃから、状況や人の目を気にせず、自分の才能を発揮して、周りに光を配るとよいのう。

今この瞬間から、ワシはお主の応援団長じゃ！

53

お主が決めることが大切なんじゃよ

お主は日々ようやっておるのう 

本来、お主は自分のことが大好きであり、大切であり、

一番大事にしたい存在だと思っておるが、

それと同時に家族を大事にしたい、

愛を注ぎたいと愛する範囲を少しずつ広げておるようじゃ。

素晴らしいのう。

そしてお主はこれからの人生を通して、

地域や社会、地球全体へとその範囲を広げていくようじゃ。

その時に大切なのは、

救うべき弱い者は存在しないと決めることじゃのう。

すべてが完璧で変える必要などないと、

お主が決めることがとても大切なんじゃよ。

今はピンとこないかもしれんが、

いつかお主の役に立つ日が来るじゃろう。

頭の隅に入れておいておくれ。

お主に無限の力が備わっておるように、今弱く見える人間にも、
無限の力が備わっておるのじゃ。
そして、自分の完璧なタイミングで輝こうとしておるのじゃよ。

お主にして欲しいのは、
「この人は私が救わないとダメになる！」と思い続けるよりも、
「この人なら必ず大丈夫！ 今手伝えることをしよう！」と、
ポジティブなエネルギーを向けながら、
思いついたことを行動に移す、ということじゃ。
すると、相手はお主のポジティブなエネルギーを感じて
自分の無限の力を少しずつ思い出すことができるように
なるじゃろう。
お主の素晴らしい愛が、ますます世界を明るくするのう。
素晴らしいことじゃ。

54

心が軽くなる方を選んでゆくのじゃ

お主は最近、花を飾っておるかのう？
お主は花たちから愛されておるようじゃ。
注がれた愛情や、慈しみ大切に育ててもらったことを、
花はとても喜んでおるようじゃ。
もし、今は飾っていないなら、家に迎えてみるとよいのう。

お主は何か、自分の未来について考えておるのかね？
これからどんな人生にしようか、自分に何ができるのかと
思い描いておるのかもしれんのう。
お主はこれまで、家族のために、周りの人間のためにとようやってきたのう。いざ、自分の喜びのために何かをと考えても、
なかなか浮かばないということもあるのかもしれんのう。
お主にとって大切なのは、
今より少し楽しいことを選択することじゃ。
そして、明日はさらにもう少し楽しめることをと、
少しずつ少しずつ心が軽くなる方を選んでゆくとよいのう。
すると、お主が考えもつかないような喜びに溢れた世界へと
つながっていくじゃろう。
お主の人生はまだまだこれからじゃ
存分にお主の個性を発揮し、存分に愛されるのじゃよ。

55

お主に救われる者が この世界にはおるぞ

お主は自分の想いを大事に育めるように、
そのままの自分を愛せるようになったのう。
そうやって、少しずつ自分の素晴らしさに気づけるようになって
ワシはうれしいぞ。

それは家族をはじめ、周りの人間からの愛を
何度も何度も体感してきたからということもあるが、
自身が自分を幸せにすることを諦めなかったからじゃのう。
そしてその**愛はお主から溢れ、世界へと広がっておる。**

そのお主の感性、これまでの過程を、
ぜひ周りの人間と分かち合って欲しいのう。
お主に救われる者がこの世界にはおる。
ワシもサポートするからのう 

56

ネガティブなことも言葉にするんじゃよ

お主は元気にしておるかのう？

この時期は、心は前向きになるが、
身体がだるくて眠くなる人もおるから、しっかり休むんじゃよ。

お主は、ずっと見えない世界との関わりを大切にしておるのう。

そして、自分が勇気を出すことも大切にしておるのう。

その姿勢はうれしいものじゃ 

頭の中でいつも色々と考えているお主じゃが、これからは、
ノートに気になっていることを書いて一人会議をするとよいぞ。
何が嫌なのか？ 本当はどうしたいのか？
誰にも言えなかった本音を書くことで、心に余白が生まれ、
スッキリしたり、思ってもいなかった新たな願いが
ポロンと飛び出してくることもあるのじゃ。

大丈夫、大丈夫、どんな気持ちが出てきても、
ワシがお主を愛する気持ちは変わらないぞ 
自分がどうしたいのか？ 何が嫌なのか？
ネガティブなことも言葉にすることで、
ワシらはサポートできるんじゃよ。

57

願いをまっすぐ放つことじゃ

お主は喜びながら、
ワシらの愛を周りの人に伝え広めておるのう。
そのワクワク感や敬意の心をいつも微笑ましく見ておるぞ。

お主は今にとても満足しておるようじゃが、
さらに体験してみたい世界があるようじゃのう。
大切なのは、願いを“まっすぐ放つ”ことじゃ。
例えば、いくらの金が欲しいと願い、
その金で得られるものを体験している世界を
お主の内側で疑似体験するのじゃよ。

何を隠そう、ワシは金が大好きじゃ 

「はしたない」というような想いは不要じゃよ。
お主は何が好きかね？　自由に好みを宣言するのじゃよ。

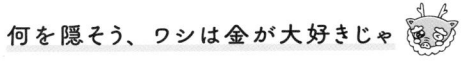

58

自分の素晴らしさを受け取るんじゃよ

お主は何事も器用にこなし、

愛想も良く、人からとても愛されておるのう。

自分としては不器用だと思っておるかもしれんが、

お主は自分への評価が厳しいんじゃよ。

人のことについてはとっても甘々に褒めるのに、

どういうことかのう 

そうやって自分に厳しくするからこそ、

より良い自分になれると思っておる所があるのかもしれんのう。

しかし実は、

自分に甘々な方が、喜びながら向上していけるんじゃよ。

お主には自分の良い所を毎日5個挙げてみて欲しいのう。

10日で50個じゃ。通勤時間など、少しの隙間時間に、

ぜひ取り組んでみて欲しいんじゃ。

お主が自分の素晴らしさを受け取るほどに、周りの人間からも

ますます愛されるようになるぞ。

いつも愛しておるぞ。

59

世界のためにサボるんじゃよ

お主は日々、目の前のことを丁寧にこなし、
周りの人間のために精一杯エネルギーを注いでおるのう。
それは心から相手を愛し、相手を思いやるからじゃ。
お主は温かい人間じゃのう。

そして、自分を満たすための時間を持つために、
いかに手を抜くか、
いかにサボるか、
ということもお主にとって大切な視点じゃよ。

お主がほっと緩んで、じわっとした喜びで満たされることが、
そのまま周りの人間を幸せにすることに繋がるんじゃ。
なぜなら、**お主が世界を創造しておるからじゃ。**
世界のために、サボるんじゃよ〜 

60

メンタル弱々でもいいではないか

お主はとても繊細じゃのう。
苦手な人のことを考え過ぎて、お腹を痛めたり、肌が荒れたり、
二次被害にも苦しんでおるのう。
お主にとって、苦手な人が近い人であったとしても、
どんなに恩を受けた人であったとしても、
今やるべきは、その人から心も身体も距離をおくことじゃのう。

「それができないから困っているんだ」と言いたいようじゃのう。
しかし、お主はなんとなく予知しておらぬかね？
このまま、苦手な人のことを考え続けてストレスを溜めたら、
体調不良になりそうだと……そして、体調不良になれば、
その人に堂々と会わなくてすみそうだということを……。

ワシはのう、お主が望むのであれば、
勇気を出して自分から苦手な人と距離を置くことを
応援したいのじゃよ。

お主は「学びだ」「大人としては頑張らないといけない」と思って
おるが、ワシはな〜んにもお主の頑張りを望んではおらぬぞ？
お主が、ただ、体験したいというから止めはせんがのう。

そして、心と身体の距離をとってから、落ち着いてその人の
何が嫌なのか、なぜ嫌なのかを考えてみると良いぞ。
それは、自分が隠している自分の嫌な所だったり、
自分が自分に禁止していることだったりと、
気づきがおとずれるじゃろう。
大切なのは、「自分には、離れることを選ぶ自由がある」
ということを知っておくことじゃ。

メンタル弱々でもいいではないか 

そんなお主のことも、愛しておるのじゃよ。

61

何だって叶えられるぞ

お主は人と深く信頼し合い、温かい関係を築ける人間じゃのう。
周りの人間への愛や、誠実さ、心遣いが、
お主の人柄として大きく表れておる。
素晴らしいあり方じゃのう

お主はこれからますます人生を楽しみ、挑戦し、
新たな世界を体験していくのう。
今でも、「いい人生だなぁ」と思っておるじゃろうが、
これからの展開を楽しみにしておくとよい。

お主は年齢など関係なく、なりたい自分になれるし、
何だって叶えられることを忘れるでないぞ。

自分の願いにまっすぐ手を伸ばすのじゃよ。
いつも見守っておるぞ。

62

ハグハグさせておくれ

よう、ワシじゃよ。
お主は元気にしておるかの？　ちとお疲れかのう？
心も身体も、緩める時間があるとよいのう。

お主は、なかなか自分に厳しい所があるのう。
お主は存分に愛されておるのを知っていながら、
どこか「自分はまだまだ」と思っておらんかの？
お主の良い所は、自分をしっかり見ようとする姿勢じゃ。
しかし「ダメ！」と厳しくせんでもよいんじゃよ。

ちと、目を瞑って深呼吸をして、
自分のことを抱きしめてくれんかのう？
ワシもお主をハグハグするぞ。
お主はこれまでよくやってきたし、お主は本当に素敵じゃ
さらに素敵な毎日にしていくために、
たまにこうしてハグハグさせておくれ。

63

ブラックなお主も大好きじゃよ

お主はみんなの言うことを「いいね。いいね」と受容し、
共感してやれる器の大きい人間じゃのう。
それでいて、自分の軸はしっかりとしておる。
お主は周りの者にとって安心して何でも話せる存在じゃ。
だからこそ、お主はいつも穏やかで優しくありたいと願い、
少しでも心が乱れると
自分を律してしまう所があるのかもしれんのう。
お主のその深い愛は、周りの者やワシにも伝わっておるぞ。
じゃから安心して、どんな感情も存分に味わってほしいのじゃ。
ワシからしたら、どんな感情も感じられること自体が
人間の素晴らしい所なんじゃよ。
人間の特権をみすみす手放すでないぞ。
怒りも悲しみも喜びも愛しさも、すべてが等しく尊いものじゃ。
どんな感情も感じていいと認めれば、
ますます心の豊かさや自由を感じて生きていけるじゃろう。
ネガティブな感情がお主をダメにするわけではないのじゃよ。
ブラックなお主のこともワシは大好きじゃ

64

身近な人間を笑顔にするのじゃ

お主は人を信頼し、自分の人生にそのエッセンスを取り入れ、
活かしていくことのできる人間じゃのう。
そうやって、楽しみながら、時に藁にもすがる思いで、
自分をよく育ててきたのう。
お主のこれまでの人生は、自分への愛に溢れておるのう

お主は自分にできることを活かして人の役に立ちたいと
思っておるのかね？
お主が今できることは、
周りの人間の笑顔をたくさん創り出すことじゃのう。
世の中のたくさんの誰か、ではなく、身近な顔が浮かぶ人間を
笑顔にすることじゃ。
誰の顔が浮かんだかね？ その人間に徹底的に愛を注ぐと、
おのずとその愛は世界に溢れ出すものじゃ。
だが、まずはお主自身に対して愛を注いでからじゃよ。
ワシもいつも見守っておるからのう。

65

望んで体験しておるのじゃよ

お主は人に思いやりの気持ちを向け、
さりげなく行動で表現できる、温かくも爽やかな人間じゃのう。
多くの人間から慕われておることじゃろう。それは誰とでも
打ち解けて関係を築いていけるお主だからこそじゃのう。

その中で、様々な人間模様を目にし、お主は心を痛めることも
あるかもしれんが、その当事者たちは、それを望んで
体験しておるのだということを頭に入れておくとよいぞ。
いざこざも、心身の不調も、魂はそれがどんな感覚なのか、
体験したくて仕方ないんじゃ。
人間は苦悩しておっても、その魂は「邪魔しないでね！」と
喜んでおったりするものじゃよ。
じゃから、お主が何とかしてあげたいと思う気持ちは素晴らしいが、
何もできない自分を責めなくてよいのじゃよ。
そっと見守ったり、相手の幸せを願ったりするだけで
充分なんじゃ。
安心して見守ってあげるといいぞ 

66

頑張りすぎなくて大丈夫じゃよ

お主は人とのつながりの中で自分のキャラクターを

自在に変化させられる、カメレオンのような人間じゃのう。

それは、周りの状況を見て、

自分はどうあるべきかをその都度考えられる才能じゃ。

その才能ゆえ、あらゆることに気を配り、

時に疲れてしまうこともあるかもしれんのう。

大切なのは、周りの人間を信頼し、委ねることじゃのう。

お主は人のためにエネルギーを注げる人間じゃが、

一旦注ぐのをやめて委ねて任せていると、

それを補う人間が現れるのじゃよ。

じゃから、お主一人で背負う必要はないぞ。

人のために頑張り過ぎなくて大丈夫じゃ 

お主自身の想いを大事にして、

お主自身に愛を表現してやるんじゃよ。

いつも愛しておるぞ。

67

お主はそのままで素晴らしいぞ

お主は優しさと明るさで人に好かれる人間じゃのう。

しかし、もしかしたら自分では暗いとか静かだと

思っておるかもしれんのう。

お主にとって大切なのは、

「今の自分のまま輝く」と決めることじゃのう。

誰にもならなくてよい。

お主はそのままで素晴らしいと知ることじゃ。

お月様が太陽になりたいと言い出したら、

ワシらのロマンティックな夜がなくなってしまうじゃろ？

誰かになるより、今の自分を活かす。

これがお主の使命を生きる秘訣じゃ。

68

自分をたっぷり癒すのじゃよ

お主は感性がとても研ぎ澄まされておるようじゃ。
感覚を使ったことを仕事にしたり、
ワシら見えない世界の存在とも自然と、共に生きておるのう。
お主は今、楽しんで始めたことが、
日々の生活に追われてルーティンワークのようになってしまい、
喜びを見出しづらいような気持ちになっておるのかもしれん。
お主にとって大切なのは、自分をじっくりたっぷり癒し、
幸せや喜びで満たす時間を積極的に持つことじゃのう。

お主は毎日ようやっておる。ワシは見ておる。
自分にできることを日々、
精一杯やっておるお主は素晴らしい。
そして、大切な自分を、何より大事にして欲しいのじゃよ
タプタプに自分を満たして、その後、人のために自分を活かせる
と喜びや豊かさがぐるぐる巡りやすくなるぞ。
いつも見守っておるぞ。

69

知識を手放すのじゃよ

お主は自分の良い所や才能をうまく表現し、
人と調和しながら共に豊かに暮らすということができておるのう。
自分の苦手なことは苦手だと認め、相手に頼るということが
できておるから、自分の才能も表現できるんじゃのう。
これから、人を癒すということにますます意識を向け、
お主の存在自体が、ただあるだけで周りの人間の心を
軽くしていくという段階に入ってくるのう。
その時お主にとって大切なのは、知識を手放すということじゃ。
相手が理解しやすいように伝えるのではなく、
体感として伝わるということを、信頼するといいのう。

お主はすでに体現するということができておる。

じゃから、お主は伝えようとしなくていいのじゃよ。

頭で理解したことよりも、感覚で伝わったことの方が、
深くに根付きやすいものじゃ。

お主はますます人から必要とされ、愛されるぞ 

70

笑いの力は凄まじいのじゃ

お主は自分事のように、周りの人間のことを大切に思える
温かい心を持っておるのう。
お主の中には、周りが幸せそうにしていないと
自分も幸せではないという想いがあるのかもしれんのう。
共に喜び、みんなで豊かになっていきたいという優しい考えで、
「もっともっと豊かになりたいし、
もっともっと喜びを感じて生きていたい。
そんな自分になれるはずだ」と思っておるのではないかね？

大切なのは、周りがいくら大変そうでも、辛そうでも、
そのすべてを優しく包み込みながらハッピーでいることじゃ。
お主が拍子抜けするほどハッピーでいると、
周りの人間は悩んでいるのがバカらしく思うものじゃよ
笑っておったら喜びも豊かさもどんどん入ってくるし、
周りにもハッピー仲間がますます増えていくぞ。
笑いの力は凄まじいのじゃ。

71

新しい朝は目の前じゃ

お主の望みは必ず叶うぞ。

お主は「自分の願いなんて叶わない」と、諦めておるのう。
それは、悲しいことじゃ。
自分でも、願っていながら、「でも、どうせ叶わない」と
どうしても考えてしまって苦しんでおるのう。
しかし、ワシの存在を知ったからには、
「願いが叶わない世界の住人」でい続けることは
難しくなってしまうのう。
お主はこれまでの経験で、心が折れたり辛かった経験が
あるからこそ、「自分には無理だ」と思うようになってしまったが、
これからは「どうせ叶わない」と思った瞬間に
次の言葉を足して欲しいのじゃ。

「……からの〜!!!!」　じゃ 

お主は、これから「願いが叶わない世界の住人」から
「願いが叶って叶って仕方ない世界の住人」になるのじゃ。
新しい自分になるための、キーワードが「からの〜」じゃ。
それを騙されたと思って言ってみて欲しいのじゃよ。
なんだか人生逆転するような気がしてこんかね？

叶って叶って仕方のない世界の住人は、とても軽やかで、
遊び心が豊かなのじゃよ。
だから、ちと真面目すぎるお主には、
これくらいふざけたことを言って、
気持ちを軽やかにする必要があるってことなのじゃ。

夜明け前の空が一番暗い。
お主はこれまでよう頑張った。
そして、新しい朝は目の前じゃ。

72

今世で何を体験するかは自分が決めるのじゃよ

お主は自分に正直で、美しいことや感動することが
人生において大切と思っておるのう。
しかしお主は、周りが思うお主よりも自分に自信がないようじゃ。
それはなぜかのう？
自信をなくしていると良いことがあるのかのう？

お主の中に眠っている情熱は、
それはそれは美しく熱いものじゃ。
今世で自分にそれを体験させるかどうかは、
自分が決めるしかないんじゃよ。
ワシはお主に「生きる楽しさ」を人々に伝えてもらいたいと
思っておるんじゃよ。
どうかね？　ワシの頼みを引き受けてみんかね？

フレ～フレ～！
お主のピカピカ輝く姿を、世界に届けるのじゃ！

73

自分の素晴らしさに降参するのじゃ

お主は人に対して礼儀を尽くし、社会の中で愛されながら
自分を表現していける人間じゃのう。
人を幸せにすること、自分を役立てることに意識が向いておって、
とても頼もしい存在じゃ。
ワシらはお主のやりたいことや願いを
何でも叶えてやりたいと思っておる。
そして、何でも叶えてやることができるんじゃ。
だがそれには、**自分の価値を見誤らないことが大切なのじゃよ。**

お主はとても誠実で自分の立場をわきまえようと意識して
おるからこそ自分に対する評価が低くなっておる所はないかね？
もっともっと自分を信頼し、
今のまま豊かさや愛を受け取っていいのじゃよ 
それはおごり高ぶるのではなく、
自分の素晴らしさに降参するということじゃ。

自由に未来を描き、ワシと共に叶えていこう。
いつも見守っておるぞ。

74

よう頑張ったのう

お主は元気にしておるかのう？
「だるいな～気持ちが上がらないな～」などと
最近感じておらんかのう？

お主は環境の変化の影響を受けやすい性質があるんじゃ。
気づいておらんかもしれんのう。
これは、一日頑張った自分をハグハグして
労ってあげることで、
毎日リセットすることができるぞ。

「よくやったね、頑張ったね」

これは、自分にやる人が少ないんじゃよ。

しかし、効果はすごいんじゃ。

ぜひ、やってみて欲しいのう。

75

自分の感覚を信じるのじゃよ

お主は生きる力の高い、楽しみ上手な人間じゃ。
生きる力というのは、
「自分の人生をよりよくしたい！」と願う力ともいえるから、
もしかしたら悩みやすい、ともいえるかもしれぬ。
自分では「悩む自分なんてイヤだ！」と思うかもしれんが、
お主が「自分の人生はよりよくなるはずだ！」と
信じておるから悩むのだということを覚えていて欲しいのう。

お主にとって大切なのは、
「自分が感じたことを信じること」じゃ。

ワシの言ったことも、自分がどう思うか？
周りの人が言ったことも、自分がどう思うか？
そこが、一番大切な答えじゃよ

76

近くの神社へ行くとよいぞ

お主の世界観、ワシは好きじゃよ 

そして、見えない世界を大切にする姿勢ものう。

最近、お主は自分の家の近くの神社や

心静まる場所に行ったかのう？

もしできたら、行くといいのう。

行けない場合はイメージだけでもいいが、

重要なのは、

一人の静かな時間を作って、ゆったり過ごすことじゃ。

大切なインスピレーションを受け取ることじゃろう。

いつも愛しておるぞ。

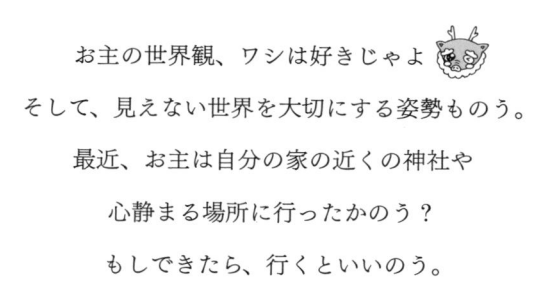

77

もう一度、この世界を信じてほしいのう

お主にはこれから人を愛することに意識を向けて欲しいのじゃ。

愛するとは、自分のみっともない所も、

ダサい所も相手に見せることでもあるんじゃ。

それで相手が離れても、それでも出すんじゃ。

お主は相手が離れた時点ですねてしまい、

もう同じ思いをしたくないから、出すこともやめてしまったのう。

だが、それでは、循環は起きんのじゃ。

どうじゃ、もう一度この世界を信じてみんかね？

お主が、不安な所から愛で生きていくまでの軌跡を

残してみんかのう？

きっと少しずつ、しかし確かにお主とつながる人が出てくるぞ 

78

どんな感情も魂の喜びじゃよ

お主はとても慈愛に満ちた、
優しいエネルギーに溢れておるのう。
「自分なんて大したことない」と思っておるかもしれんが、
お主の温かいエネルギーは波紋のように広がり、
この世界の愛の底上げになっておるぞ。
じゃから、改めて、自分の行動は世界に影響を与えているのだと
自覚し、さらにその温かい愛を周りに与えて欲しいのう。
自覚する・しないで、影響の大きさが変わってくるのじゃよ。

「ネガティブな影響が出るかも」と不安にならなくてもよいぞ。
愛のエネルギーは不安や怖れや憎しみのエネルギーの
何倍も大きく、それらを打ち消す力があるのじゃ。
辛い、苦しい、悲しいというネガティブな感情も、
存分に味わうとよいぞ 
それも魂が体験したいと思っている喜びじゃからのう。
そして、味わい尽くしたあとには、お主のタイミングで
また周りに愛を注いで欲しいのう。

79

できることから行動するのじゃよ

お主の心の中には穏やかさと強さが共存しておるのう。
とても慎重で物事を決めきれない所があるかと思えば、
ある面ではスパッと決断を下せる潔さがあるのう。
ワシもお主の生き方が好きじゃよ 

お主がより豊かに人生を創造するために、
環境を整えることを意識するとよいのう。
それを聞いて何を思い浮かべたかのう？
そうじゃ。掃除はとても大切じゃよ。
部屋を整えることはお主の金の流れを良くし、
人生においてキーパーソンとの出会いにもつながるじゃろう。
そして、願いを叶えていくために家族の理解を得ることも、
お主にとっては大事かもしれんのう。
お主の願い、素直な想いを伝えることで、
望む世界を創造する力を得られるぞ。
今できることから、一つずつ行動するのじゃよ。
ワシもサポートするからのう。

80

叶える秘訣を教えるぞ

お主は相手の愛に気づき、感謝を伝えられる、
誠実で温かい心を持っておるのう。
お主のような人間のお陰で、
愛の波動は途切れることなく広がり続けておるのじゃ。
ワシからも感謝するぞ。

お主は何か成し遂げたいこと、叶えたい目標があるのかね？
大切なのは、「叶っても叶わなくても幸せであることに
変わりはない」と思えることじゃのう。
物事がお主を幸せにしてくれるのではなく、自分は幸せであると
自分が認めた時にだけ、お主は幸せを感じられるのじゃ。
「あ～今でも充分幸せだな～。これが叶った時は
どんな気持ちかな～ウキッ♪」という気持ちでいてくれると、
ワシもお主の願いをスイ～ッと引き上げやすいのじゃよ 

まずは今すぐ満たされる。
それが叶える秘訣じゃ。

81

不快な感情にも寄り添うのじゃ

お主は美しいものに、心を奪われたり、自分の芯の部分が
じんわりと喜んだりと、受け取る力がとても高い人間じゃのう。
それゆえ、受けたくない影響も受けやすいかもしれん。
大切なのは、受けたくないものを跳ね返す力を求めるのではなく、
その影響を感じ、流していくしなやかさを身に付けることじゃのう。
身体を強くすることがその助けになるぞ。

人は、不快な感情を抱くと何とか排除しようとするが、大事なのは、
不快に感じる自分の想いに、優しく寄り添うことなんじゃよ。
お主は本来、とてもパワフルで強い存在じゃ。
じゃから安心して、じっくり感情を味わうとよい。
体験は感情を味わうためにあるのじゃ。

不快な感情を味わった後はスッキリ、
トイレに流してしまえばいいのじゃ
お主のそばに、ワシはいつもおるからのう。
いつでも話しかけておくれ。

82

何を採用するかは お主が決めるのじゃ

お主は繊細なエネルギーを感じ取ることのできる、

とても優秀な能力者じゃのう。

しかし、自分の中でこれが本当なのか？ と

確信を持てないことも多いかもしれん。

どんな時も大切なのは、何を採用するか自分が決める、

ということじゃのう。

笑う時間を増やして、ますます磨いていって欲しいのう。

笑うというのは、素晴らしい行動なのじゃよ。

お主の心も身体も解放され、エネルギーが満ち、

過去の失敗も払い飛ばすことができて、

今の気持ちを大切にすることができるようになるのじゃ。

ついでにワシからのメッセージをより感じやすくなるばかりか、

世界まで明るくなってしまうんじゃ。

素晴らしいのう 

ワシはお主の努力をいつも見ておるぞ。

83

お主はもう大丈夫じゃ

お主はこれまでの人生で不甲斐ない体験を、ずっと心の中に
留めておるのかもしれんのう。
そしてその体験を反面教師のようにして、
自分の人生のかじ取りをしている所があるのかもしれん。
しかしその体験を握りしめている間は、
お主は自分の弱さにフォーカスを当て続けることになるんじゃ。
そして、周りの人間の良さ、可能性ではなく、弱さや痛みを
無意識に探し出してしまい、
相手の成功や成長を信じられなくなってしまうんじゃよ。

お主は様々な体験を重ね、今、自分の人生を愛で満たし、
与える人生を選んでおる。お主のその愛をまっすぐ伝えていく
ためにも、今の自分をしっかりと見るのじゃよ。
お主はもう大丈夫じゃ 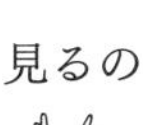
何者にも傷つけられることはないし、傷つけることもない。
安心して、自分の本当の願いを言葉にするとよい。
ワシが力になろう。

84

仲間や出会いを大切にするんじゃよ

お主は自分の信念を大切にする人間じゃ。
だから、自分の信念を大切にしてくれない人がいると、
生きるのが苦しく感じたり、攻撃したくなったりするかもしれん。
しかし、大切にしてくれない人よりもお主に大切なのは、
自分の信念を大切にしてくれる仲間の存在じゃ。

お主の心は清く素晴らしいぞ。

仲間との出会いや感謝がある度に、心の中でその出会いについての
感謝やうれしい気持ちをじんわり感じるのじゃ。
すると、ますますその感謝やうれしい気持ちに
ぴったりな出会いがやってくるのじゃよ。
嫌いな人を思い浮かべている時間を、
すべて、出会えてうれしかった人への感謝の時間に
総取っ替えしてしまうのじゃ〜！

お主は人とのご縁が繁栄のポイントになるからのう。

85

自分を愛し、愛されるのじゃよ

お主は美しさをとても磨いておるのう。
自分の表情や仕草も、細やかに意識を配っておるのう。

お主は美しい。
それだけで世界は潤うんじゃよ。

美しさというものは、
自分の個性を受け入れ、
活かしておることで放たれるのじゃよ。

どんな自分も受け入れることができると、
あらゆる豊かさや愛を受け取る器も広がるのじゃ。

ますます自分を愛し、人から愛されるのじゃよ。
ワシも愛しておるぞ 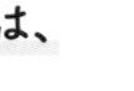

86

本当はどんな毎日を送りたいのかね？

お主はいつもようやっておるのう。

人々の心に喜びや安心を生み出すために、日々尽力しておる。
ワシから礼を言うぞ。
お主は、とても優秀で、集中力があり、
人を思いやる力に溢れているのう。
だから、自分のことを後回しにしてしまい、ふと振り返った時に
自分のことよりも「やるべきこと」の方が多くなって、
苦しくなってしまうこともあるんじゃのう。
そんな時は「私、よくやってる」と自分をハグハグするとよいぞ。

そして、お主に聞きたいのじゃが、
本当はどんな毎日を送りたいと望んでおるのかね？
理想の１日のスケジュールや１カ月の休みや仕事のバランス、
誰と会って、何時にどんな気持ちで寝たいのか。

それを、すってき～（素敵）な場所で、
できる限りのおっしゃれ～（お洒落）を楽しんで、
ノートに書き出しておくれ。

そんなことで人生が変わるものか……と思うかもしれぬ。
しかし、これまでワシに望みを伝えてくれたほとんどの人間が、
１年後にはノートに書いたのと同じような人生になっている!? と、
びっくりしておるぞ。
大切なのは、自分の望みを自分が分かってやり、
許可してやることじゃ。

ワシは、お主が決めた人生や願いを全力で応援するためにおるぞ。
今こそ、ワシの存在を信じる時じゃよ 

87

ワシは応援する。以上！

お主は決断力と、才能を発掘する鋭い視点があるのう。
しかし、その才能をあまり発揮しておらんようじゃ。

それはなぜかのう？
もしかしたら、年齢や環境などで自分には無理かもしれないと
思っているのかもしれんのう。
お主に伝えたいことは一つじゃ 

お主がやりたいことを、ワシは応援する。

以上じゃよ。
いつも見守っておるぞ。

88

ここから共に創造していこう

お主はこの美しい地球に生まれたことに、
とても喜びを感じておるようじゃ。
最近は自然の中に身を置くことも
なかなかできていないのかもしれんが、
日々の忙しさに追われている時こそ、自分の心を解放し、
ただ生きている喜びを感じられる場に身を置くとよいのう。

お主は本来、ゆったりと時間が流れるのを慈しむような生き方が
好きなのではないかね？

お主が望む世界はどんなものでも叶えられるんじゃよ 
常識や過去に囚われず、今ここから、自由に軽やかに、
共に人生を創造していこう。
いつもそばにおるぞ。

おわりに

私と竜ちゃんのお話を最後まで読んでくださり、
本当にありがとうございました。
数年前まではどん底にいた私が、
今では素敵な旦那さんと3人のかわいい子どもたちに囲まれて、
たくさんのサポートしてくれる仲間に出会い、支えられて、
こうしてあとがきまで書いているなんて、あの頃の私からは想像できなさ過ぎて、
今でも夢のようで、毎日ありがたいな〜と感じています。
とっても幸せです。

幸せって何だろう？

以前の私は、この幸せを感じたところで

「で、いつお金持ちになるの？」とか
「こんなことで喜んでたら、大きな幸せはやってこない！」

と、思っていたなあと最近よく思い出します。

この日常にちらばる幸せに気がつこうともせず、
幸せをどこか遠いものにしていました。

竜ちゃんと話せるようになってすぐの頃も、欲に目がくらんで（笑）、

「言われた通りにした、で、いつお金持ちになるの？」

って、いつも遠くの結果を探してました。

そんな私に竜ちゃんがいつも言うのは、

今、しかない。今、なんじゃ。

だからこそ、私はノートにいつも今受け取っているものを書き出して、
しっかりと目を向けることを心がけています。

今、守護龍神の愛を感じられること。

今、自分の身体があること。

今、子どもと公園で手をつないでいること。

今、愛する人が目の前に存在していること。

今あるものを見て、積み上げていく先に、不思議な位の「よい結果」が流れ込んでくるんです。きっと自発的に感謝しようとする姿勢を、守護龍神が喜んでくれて、サポートしてくれているのだなとうれしくなります。

最後になりますが、私には夢があります。

笑われてしまうかもしれませんが、それは、

地球をポカポカにすることです。

　実は、守護龍神とパートナーシップを深めて共に生きていくと、驚くほど安心するし幸せになるから、すごく心がポカポカするんです。

そうすると、こんなに自分が幸せなら周りの人も幸せにしたいと思えてきて、周りの人をポカポカにする。周りの人もさらにその周りの人を幸せにしたくなり、ポカポカがちょっとずつ伝染していく……。


　そんなイメージがあって、こうやって本を手に取ってくださったすべての方が守護龍神からのメッセージを受け取れれば、自分のことをもっと信じられるようになって幸せになって、もっとポカポカして、その周りがもっとポカポカして……って。

気がつけば、地球全体がポカポカした人でいっぱいになるので、地球もポカポカ心地よい場所になるんじゃないかって思っています。

喜びだけでなく、悲しみも、怒りだって、すべての感情を感じることをお互いに許し合えて、配慮されて、愛されてるなって感じられる幸せな地球。


　きっと近い未来、あなたとそんなポカポカの地球に立って一緒に笑えますように。

改めまして、最高の守護龍プロジェクトチーム、大好きな旦那さんと子どもたち、辛かった時に支えてくれた家族や友人、受講生の皆さんや、日々、竜ちゃんメッセージを受け取ってくださる皆さんの存在がなかったら、たった一人で始めた竜ちゃんメッセージはここまで成長することはありませんでした。本当にありがとうございます。

そして、この本を書いている時、竜ちゃんの名前である「テト」の意味に気がつきました。「テ」と「ト」を一文字に合わせると、「示」という字になるんです。テトさんは、私にどん底をひっくり返して共に生きる道を示してくれただけでなく、こうして、たくさんの方々にメッセージを届け、幸せになる方法を示してくれるために現れたのだと分かり、改めてうれしくなりました。テトさん、これからもどうぞよろしくね。

最後に、中学生の頃からの夢だった出版を叶えていただき、本当に感謝いたします。

ありがとう、ありがとう、ありがとう！

田村　愛

3つの「ありがとう」は、
自分、相手、神様の3方向への感謝じゃ♪

守護龍コーチ　**田村 愛**

19歳からモデル、女優として活動。モナコ国際映画祭で主演女優賞を受賞する。2017年突然の離婚のショックをきっかけに、守護龍神の「竜ちゃん」とつながり、アドバイスが聞こえるようになる。現在は、竜ちゃんが伝えるこの世の仕組みをYouTube「竜ちゃんねる」やInstagram「守護龍神『竜ちゃん』」で発信。また、守護龍神とつながる方法や守護龍コーチを育成する講座を開講し、関わる人の自己成長と、スピリチュアルパートナーシップを支援している。4児の母。

Instagram@dragon.ryu_chan
YouTube　https://www.youtube.com/@dragon.ryu_chan

今《いま》すぐ幸《しあわ》せになって、私《わたし》のままで好《す》きな世《せ》界《かい》を作《つく》る！

守《しゅ》護《ご》龍《りゅう》神《じん》・竜《りゅう》ちゃんの「どん底《ぞこ》がひっくり返《かえ》る」ヒミツの方《ほう》法《ほう》と88のメッセージ

2023年３月24日　初版発行
2024年12月５日　再版発行

著者　田《た》村《むら》愛《あい》
発行者　山下直久
発行　株式会社KADOKAWA
〒102-8177　東京都千代田区富士見2-13-3
電話　0570-002-301（ナビダイヤル）
印刷所　大日本印刷株式会社

●お問い合わせ
https://www.kadokawa.co.jp/（「お問い合わせ」へお進みください）
※内容によっては、お答えできない場合があります。
※サポートは日本国内のみとさせていただきます。
※Japanese text only

定価はカバーに表示してあります。
　ISBN 978-4-04-606248-2　C0095